Kreatives Makramee

Bonny Schmid-Burleson

Kreatives Makramee

Strukturen, Muster und Design

Fotos und Zeichnungen
Claus-Peter Schmid

Otto Maier Verlag Ravensburg

Für Peter

Allen Künstlern in Deutschland und Amerika, die uns erlaubten, ihre Makramee-Objekte zu fotografieren oder mir Abbildungsmaterial zuschickten, möchte ich hier herzlich danken.

© Otto Maier Verlag Ravensburg 1974
Fotos: Claus-Peter Schmid u. a.
Umschlagentwurf: Manfred Burggraf
Makramee-Arbeit des Titelbildes: Jean Battles
Printed in Germany
ISBN 3-473-45402-8
80 79 78 77 76 75   6 5 4 3

Inhalt

Bonny Schmid-Burleson, die Autorin, ist Amerikanerin. Sie lebt mit ihrem Mann, der die Abbildungen dieses Buches fotografiert und gezeichnet hat, und mit ihren beiden Söhnen in Goldach bei München. Sie ist Autorin des ebenfalls im Otto Maier Verlag erschienenen Buches „Makramee-Knüpfereien" und mehrerer in Amerika und England veröffentlichten Bücher zu ähnlichen Themen. Für das Buch „Kreatives Makramee" reiste sie durch die USA, um die besten Makramee-Arbeiten zu sammeln. Makramee wurde in den USA vor einigen Jahren wiederentdeckt und ist dort längst nicht mehr nur eine einfache Handarbeitstechnik, sondern zu einer Form künstlerischer Ausdrucksmöglichkeit und moderner struktureller Textilgestaltung geworden.

Das Arbeitsmaterial

1.1 Eine Auswahl von Schnüren aus Naturfasern, die für Makramee geeignet sind.
Von links nach rechts:
a) gedrehtes Leinengarn, auch Langflachsgarn genannt, b) polierte, geflochtene Hanfschnur, c) gedrehter Sisal, d) gedrehte Jute, e) gedrehte Baumwollschnur, f) geflochtene Baumwollkordel, g) Baumwollband, h) handgesponnene Schafwolle, i) Smyrna Teppichwolle.

Von großer Bedeutung für Makramee-Knüpfer ist die Wahl der geeigneten Schnurqualität. Obwohl bei einiger Übung nahezu jede Schnur verarbeitet werden kann, sollte man in der Regel festen und kräftigen Schnüren, die der Belastung beim Knüpfen gewachsen sind, den Vorzug geben.

Schnüre werden entweder aus natürlichen Fasern oder Kunstfasern hergestellt. Gebräuchliche Naturfasern sind Wolle, Baumwolle, Flachs, Leinen, Hanf, Jute, Sisal und Kokos. Sie eignen sich gewöhnlich am besten für Makramee, da sie den Knoten guten Halt geben und eine reizvolle Oberflächenstruktur besitzen. Auch ungefärbt haben Naturfasern einen interessanten Naturton, der zu vielen Farben paßt und sich effektvoll durch farbige Perlen akzentuieren läßt.

Zu den Kunstfasern gehören Nylon, Perlon und Orlon, die häufig bei Makramee-Arbeiten Verwendung finden. Durch ihre glänzende Oberfläche und die häufig sehr feine Schnurqualität eignen sich Kunstfasern besonders für geknüpften Schmuck.

Ein weiterer Gesichtspunkt, der bei der Schnurauswahl von Bedeutung ist, betrifft die Struktur der Schnur. Sie kann störend wirken, wenn sie im Verhältnis zum Muster eine sehr starke Prägung besitzt, die durch die starke Drehung oder die rauhe Schnurfaser bedingt wird. Die Struktur der Schnur beherrscht dann das Knüpfmuster, so daß beide in einem für die Gesamtwirkung des Stücks ungünstigen Gegensatz stehen. Eine Schnur mit dominierender Oberflächenstruktur kommt daher in einem relativ einfachen Dessin besser zur Geltung, Abb. 1.3. Umgekehrt eignet sich eine Schnur mit deutlich zeichnender glatter Oberfläche vorzüglich für komplizierte, ornamentale Knüpfmuster, Abb. 8.1.

Knüpfmuster und Schnurqualität stehen in einem Wechselverhältnis zueinander, so daß die Schnurqualität den Charakter eines Stücks ebenso wie das Knüpfmuster bestimmen kann. Ein Vergleich der drei in Abb. 1.2 - 1.4 vorgestellten Stücke

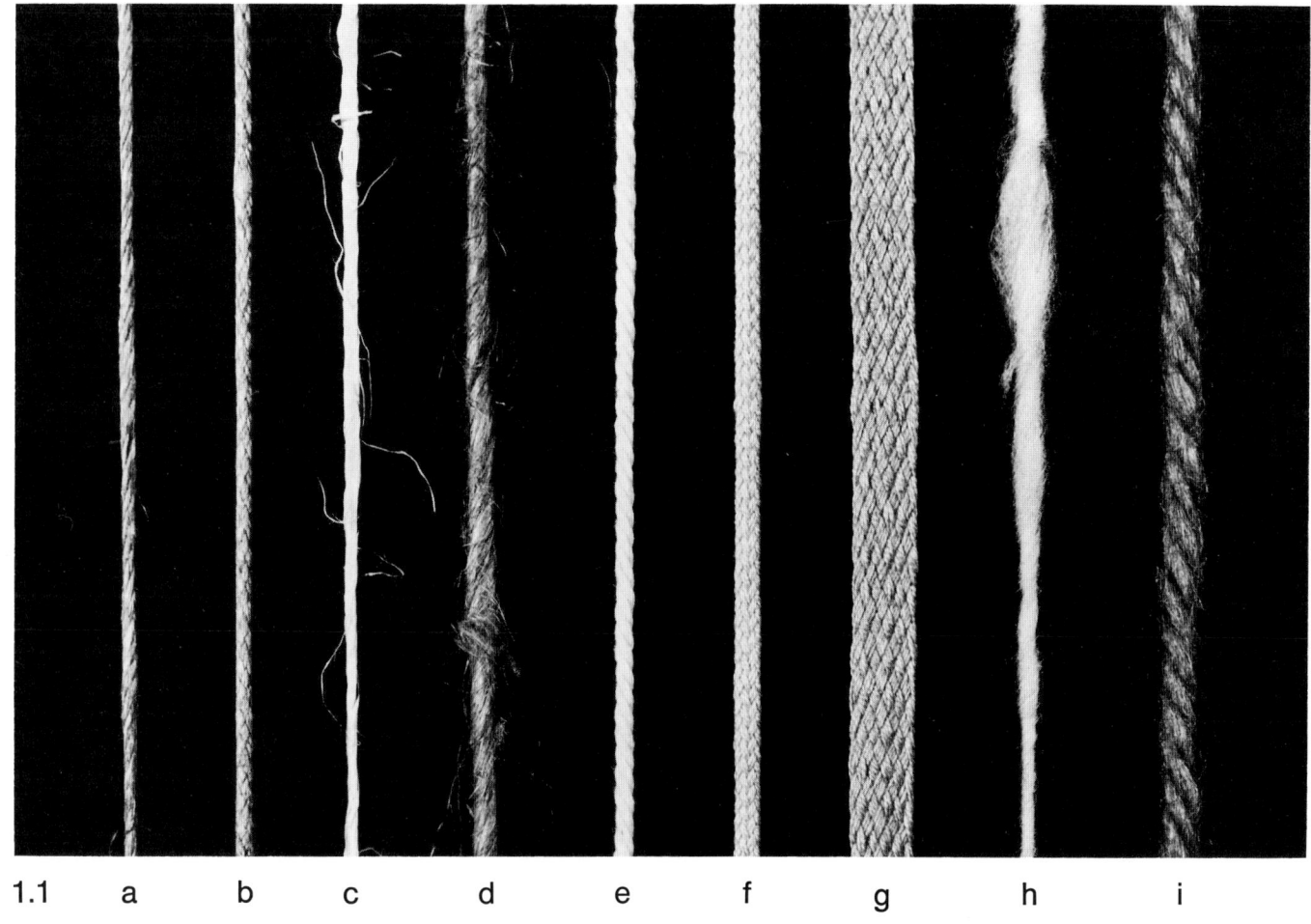

1.1   a   b   c   d   e   f   g   h   i

läßt die besondere Wirkung der jeweils verwendeten Schnurqualität deutlich erkennen. Die Nylonschnur des Wandschmucks zeichnet sich durch ihren eleganten Seidenglanz aus, während die glatte, dünne Leinenschnur die einzelnen Knoten sehr scharf hervortreten läßt. Die Unregelmäßigkeit der handgesponnenen Wolle des Wandbehangs in Abb. 1.3 ist neben dem Knüpfmuster ein gleichwertiger Designfaktor.

1.2 Der elegante Seidenglanz der kleinen Mustersammlung, die man auch an die Wand hängen kann, stammt von der glänzenden weißen Nylonschnur.
Von Bonny Schmid-Burleson.

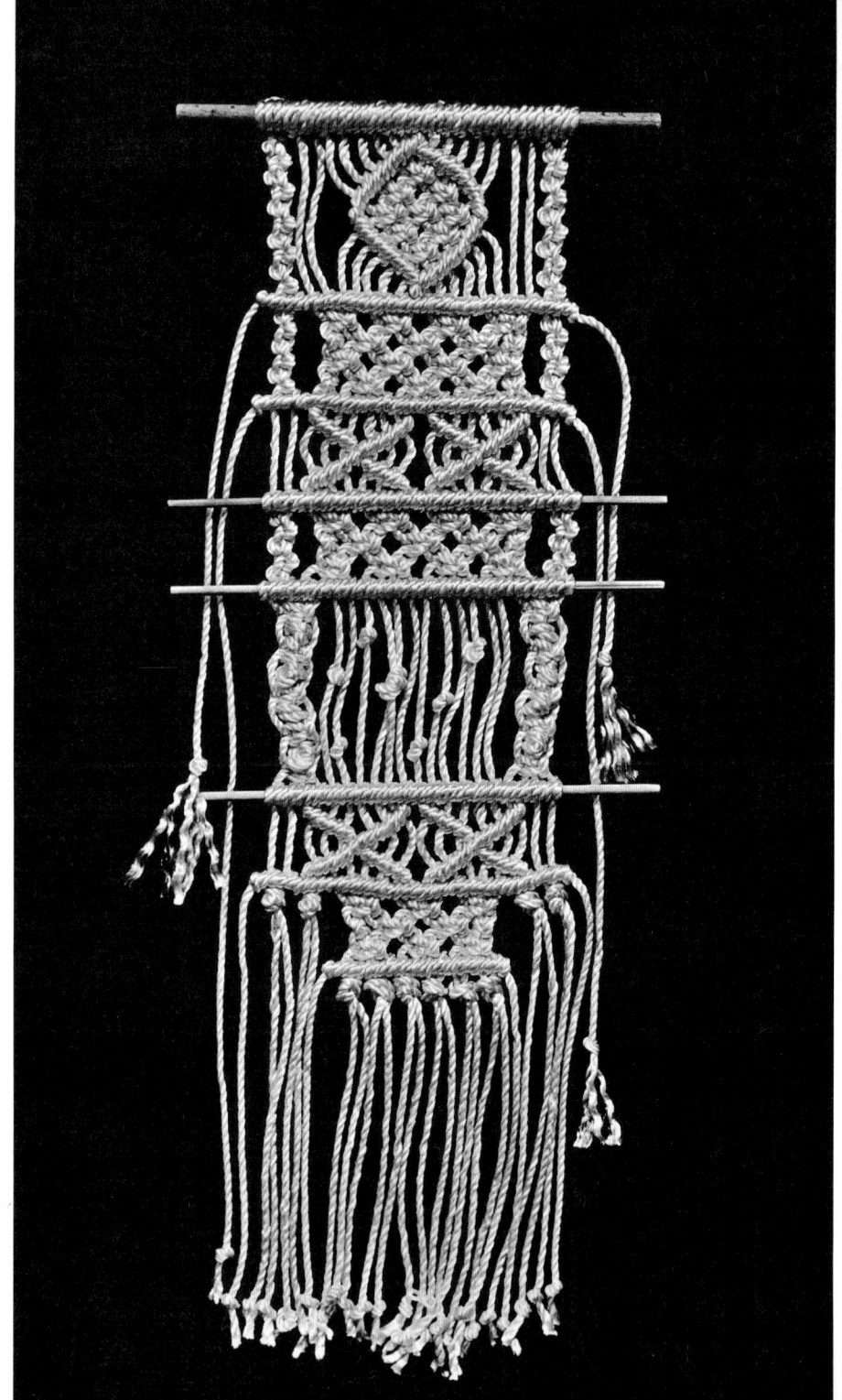

Makramee erlaubt es verschiedene Schnurfasern auf interessante und aufregende Weise miteinander zu verbinden. Durch die Gegenüberstellung von groben und glatten, geflochtenen und gedrehten, dicken und dünnen, glänzenden und stumpfen Schnurfasern können mit der Oberflächenstruktur des Materials allein bereits reizvolle Effekte erzielt und die besonderen Materialeigenschaften in die Gestaltungsabsicht mit einbezogen werden. Abb. 1.5 zeigt ein Beispiel, in dem die glatte, polierte Baumwollschnur in deutlichem Kontrast zur rauhen Oberfläche der Jute steht.

Über die äußere Form und das Knüpfmuster hinausgehend ergibt sich somit von der Schnurwahl her gesehen für kreatives Makramee ein großes und lohnendes Gestaltungsfeld. Gründliche Materialkenntnisse sind deshalb von großem Vorteil.

Wolle

Obwohl man bei Wolle in erster Linie an Stricken oder Häkeln denkt, kann sie auch sehr vorteilhaft bei Makramee für so verschiedene Projekte wie Taschen, Gürtel oder Wandbehänge verwendet werden.

Besonders geeignet für Makramee ist Strick- oder Teppichwolle, die in Fachgeschäften leicht zu bekommen ist. Strickwolle bietet die größte Farbenvielfalt, hat aber den Nachteil, daß sie relativ dünn ist und beim Knüpfen stark nachgibt oder gar abreißt. Teppichwolle die fester und dicker ist, eignet sich für den Anfang am besten, da man mit ihr rasch und sauber knüpfen kann. Durch die geringere Dehnfähigkeit halten das Muster und die Form besser. Teppichwolle ist unter dem Namen „Smyrna Teppichwolle" in Fachgeschäften und Kaufhäusern in vielen reizvollen Farben erhältlich.

Für Fortgeschrittene stellt besonders handgesponnene Wolle, die nicht die etwas monotone Gleichmäßigkeit von maschinengesponnener Wolle aufweist, ein interessantes und wirkungs-

volles Arbeitsmaterial dar. Wer sich für handgesponnene Wolle interessiert, sollte darauf achten, daß der Faden sehr fest gesponnen ist, um der Belastung beim Knüpfen standzuhalten. In der Regel wird man ein möglichst einfaches Muster wählen, um das ungewöhnliche Material möglichst gut zur Geltung zu bringen, Abb. 1.3. Unregelmäßig gesponnene Wolle wird auch maschinell hergestellt und kann als Ersatz für handgesponnene Wolle verwendet werden.

Baumwolle
Baumwollschnüre sind reißfest, geschmeidig, waschbar und in vielen hübschen Farben im Handel, was sie zu einer fast idealen Schnur für die verschiedenartigsten Makramee-Projekte macht. Auch wer gerne selbst färbt, wird an diesem Material Freude haben.
Baumwollschnüre gibt es entweder geflochten oder gedreht. Geflochtene Baumwollkordeln sind in vielen leuchtenden Farben meist in der Kurzwarenabteilung von Kaufhäusern erhältlich. Besonders modische Accessoires kommen in diesem Material gut heraus. Sehr fest geflochtene Baumwollschnüre von 1,5 mm bis 5 mm Querschnitt findet man in Seilereien oder Geschäften für Seglerbedarf.
Gedrehte Baumwollschnur, auch als Kettgarn für Weber im Handel, ist ein vielseitig verwendbares Material zum Knüpfen, das auch in einigen Farben hergestellt wird.

Hanf
Hanfschnur ist stark, strapazierfähig, zugfest und läßt sich sehr gut knoten und färben. Ihr heller Naturton allein ist schon attraktiv und kann wirkungsvoll durch farbige Perlen oder Steine dekoriert werden.
Auch Hanfschnüre sind geflochten und gedreht im Handel. Geflochtene Hanfschnur wird häufig vorgezogen, da sie sich besser verarbeiten oder färben läßt, ohne sich aufzudrehen.

Für Makramee stehen Schnüre mit einem Querschnitt von 1,5 mm bis 5 mm zur Verfügung. Hanfschnüre, Bindfäden und Kordeln bekommt man in Seilereien oder Geschäften für Seglerbedarf. Beim Kauf sollte man noch darauf achten, ob die Oberfläche geglättet oder unpoliert ist. Die geglättete, polierte Hanfschnur wird vor allem dann der unpolierten, die sich rauher anfaßt, vorgezogen, wenn ein Muster sich klar durchzeichnen soll. Beim Färben spielt diese Überlegung keine Rolle, da die glatte Oberfläche hier wieder verloren geht. Bei Taschen, Gürteln oder Wandbehängen wird man immer wieder Hanfschnüre wählen.

Für farbiges Makramee kann auch Wurstgarn verarbeitet werden. Es ist eine mittelstarke Hanfschnur, die in verschiedenen Farben — rot, blau, grün, gelb und weiß — hergestellt wird. Sie ist gedreht und etwas rauher als die Naturhanfschnur. Bekommen kann man sie in Seilereien oder Drogerien.

Flachs

Flachs wird zu einem feinen, glatten Leinengarn verarbeitet, auch Langflachsgarn bezeichnet, das als Kettgarn für Weber im Handel ist. Seine Feinheit macht es besonders für sehr kleine zierliche Stücke z. B. Halsschmuck geeignet, Abb. 1.4. Auch ungefärbt besitzt es einen schönen hellbraunen Naturton. Seilereien und Handarbeitsgeschäfte führen dieses Material.

Sisal

Diese rauhe gedrehte Faser von leichtem Gewicht besitzt eine interessante Oberflächenstruktur, die besonders gut in größeren Objekten zur Geltung kommt. Große Wandbehänge werden häufig in diesem preiswerten Material gearbeitet. Bei der Arbeit mit Sisal sollte man zur Schonung der Hände mit dünnen Lederhandschuhen knüpfen. Weiße oder leicht gelbliche Sisalschnur findet man meist in Seilereien; Handarbeits-

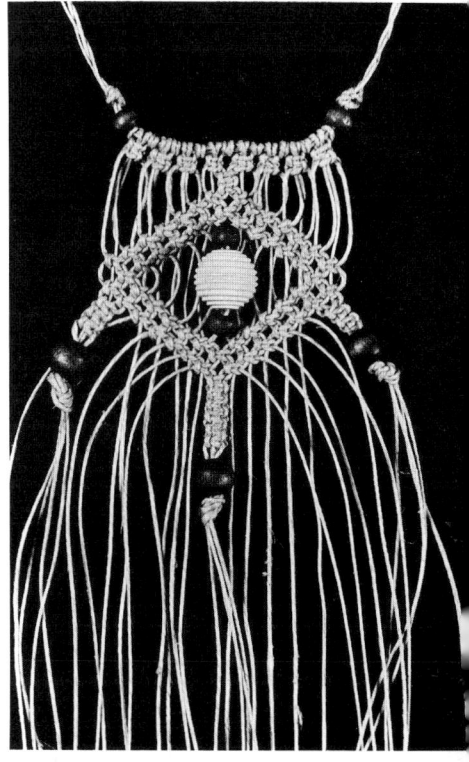

1.4 Die glatte Leinenschnur dieses kleinen, nur 6 cm breiten, Halsschmucks läßt das Knotenmuster deutlich hervortreten. Geknüpft von Cathy Frank.

Seite 12:
1.3 Die Unregelmäßigkeit handgesponnener Wolle bringt einen zusätzlichen gestalterischen Aspekt in das sparsame Knotenmuster hinein.
Von Bonny Schmid-Burleson.

läden führen Sisal oft auch in verschiedenen Farben. Selbstverständlich kann man Natursisal auch selbst einfärben.

Jute

Jute ist eine Pflanzenfaser, die auch in verschiedenen Farben in Handarbeitsgeschäften oder Seilereien zu bekommen ist. Von allen Schnüren mit einer rauhen Oberflächenstruktur läßt sich Jute am leichtesten verarbeiten. Jute ist preiswert, was bei größerem Materialbedarf ins Gewicht fällt.

Wie bei Sisal bedeutet die rauhe Struktur der Jute, daß das Knüpfmuster weniger deutlich durchgezeichnet wird als dies bei polierten Schnüren der Fall ist. Liegt der Schwerpunkt jedoch weniger auf der Ornamentik als auf einem natürlichen, organischen Ausdruck, so wird man immer wieder auf diese beiden Materialien zurückgreifen.

Kunstfasern

Die glänzende Oberfläche von Kunstfasern verleiht Makramee-Stücken einen eleganten Seidenglanz. Für Makramee sind vor allem Nylon und Perlon von Bedeutung. Sie sind gedreht oder geflochten, weiß und farbig in vielen Stärken im Handel. Beim Knüpfen muß man auf festen Sitz der Knoten achten, damit sie sich später nicht auflösen. In hartnäckigen Fällen können die Knoten auf der Rückseite mit etwas durchsichtigem Klebstoff fixiert werden.

Färben

Das Angebot an farbigen Schnüren ist bei einigen Schnurqualitäten z. B. bei Hanf nicht sehr groß. Wer trotzdem farbig knüpfen will oder eine bestimmte Schnurfarbe sucht, steht dann vor der Aufgabe, die Schnur selbst einzufärben, was zum Glück nicht besonders schwer ist und auch Spaß macht. Man braucht dazu einen großen emaillierten Topf, einen Rührlöffel aus Holz oder Kunststoff und Textilfarbe, die man in

Drogerien bekommt. Zusätzlich zur Gebrauchsanweisung sollte man folgende Hinweise beachten.

Die Schnüre werden vor dem Knüpfen gefärbt, da das fertige Stück beim Färben die Form verlieren kann. Vor dem Färben werden die Schnüre zu lockeren Strängen zusammengefaßt und dann so abgebunden, daß sie noch etwas bewegt werden können. Bei kleineren Mengen, z. B. für einen Gürtel, kann man die Schnüre vorschneiden, muß dann aber etwa 10% Länge zugeben, die beim Färben einschrumpft. Bevor die Schnur ins Färbebad kommt, muß sie in Wasser eingeweicht werden. Jede Schnur nimmt die Farbe verschieden schnell an, so daß man erst einmal Schnurproben einfärbt und trocknet, um das Verhältnis von Färbedauer und Farbintensität zu bestimmen. Hanfschnur z. B. nimmt die Farbe sehr rasch an und braucht nur ca. 5 Minuten eingefärbt zu werden, dagegen haben Nylonschnüre eine Färbedauer bis zu einer Stunde. Die Färbeproben sollten für spätere Wiederholung unbedingt aufgehoben werden (vgl. Musterkarten, Abb. 2.3).

Beim Färben sollen die Schnüre nicht zu dicht im Farbbad liegen und völlig von der Flüssigkeit bedeckt sein. Mit dem Rührlöffel werden die Schnüre leicht bewegt, damit die Farbe überall gleichmäßig einwirken kann. Hat die Schnur die richtige Farbintensität erreicht — sie wird beim Trocknen etwas heller! —, so wird sie aus dem Bad genommen und gespült, bis das Spülwasser klar abläuft. Die Schnüre werden am besten hängend, aber nicht in der Sonne, getrocknet.

Kapitel 2

Hilfsmittel

2.1 Schaumgummikeil als Knüpf-
unterlage.

2.2 Frei hängende Makramee-
Stücke lassen sich leicht zwischen
zwei Scherklammern gespannt
knüpfen.

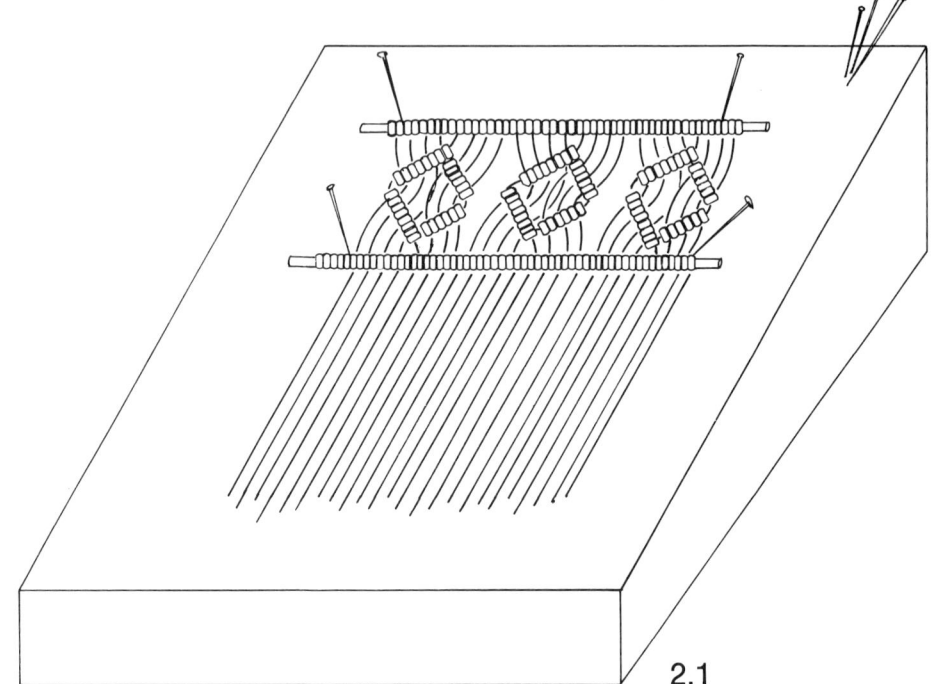

2.1

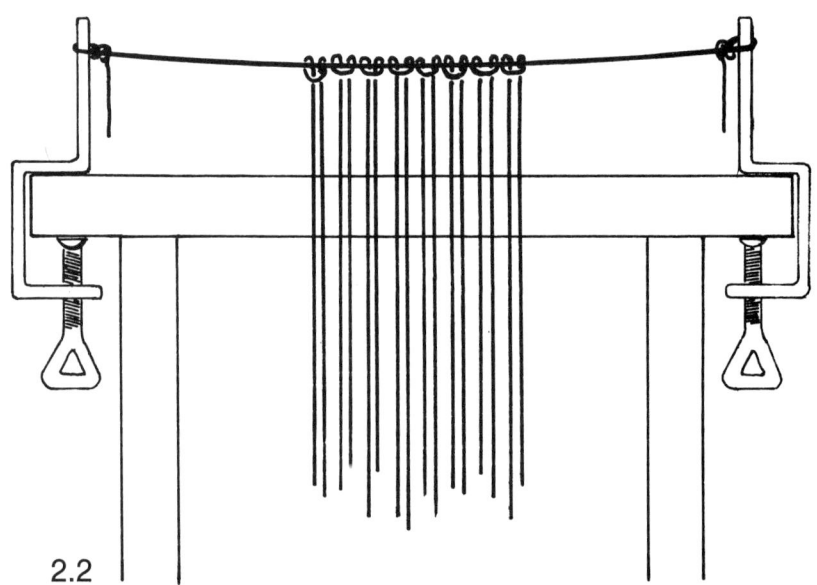

2.2

18

Einer der großen Vorteile bei Makramee ist der, daß dazu kein umfangreiches Sortiment von Werkzeugen und Hilfsmitteln erforderlich ist. Man kann sofort mit dem Knüpfen beginnen, Hauptwerkzeug sind die beiden Hände. Die wenigen zusätzlichen Hilfsmittel sind entweder bereits vorhanden oder lassen sich ohne großen Kostenaufwand besorgen.

Zu empfehlen ist eine Unterlage, auf der das Werkstück befestigt werden kann. In den meisten Fällen wird es auf einer weichen Unterlage z. B. einem Schaumgummistück oder einem prall gefüllten Kissen mit Nadeln festgesteckt, Abb. 2.1. Die Größe richtet sich nach dem Werkstück, das etwas kleiner als die Unterlage sein sollte. Kleinere Schaumgummistücke sind vor allem praktisch, wenn man unterwegs ist. Größere Objekte, z. B. einen Wandschmuck, knüpft man leichter stehend, wobei das Stück auf einer Weichfaserplatte festgesteckt werden kann. Weichfaserplatten bekommt man in Holzhandlungen. Eine andere Methode der Befestigung besteht darin, das Stück hängend zu arbeiten, indem man es zwischen zwei Schraubzwingen spannt. Abb. 2.2

Was man sonst noch an Hilfsmitteln braucht − Schere, Stecknadeln, Metermaß −, ist ohnehin in jedem Haushalt bereits vorhanden, so daß man gleich mit dem Knüpfen beginnen kann.

Zuvor sollen jedoch noch einige weitere Hilfsmittel, die das Knüpfen erleichtern können, erwähnt werden.

Nadeln: Nadeln mit großem Nadelöhr sind in verschiedenen Ausführungen − gebogen, abgeplattet − als „Handwerkernadeln" im Handel. Man näht damit verschiedene Teile zusammen und führt freie Schnurenden in das Innere des Werkstücks zurück.

Häkelnadeln: Sie dienen ebenfalls dazu, freie Schnurenden in das Werkstück zurückzuführen.

Stricknadeln: Sie erleichtern das Öffnen falsch geknüpfter Knoten.

2.3 Ein Ordner mit Musterkarten erleichtert den Überblick über die verschiedenen Schnurqualitäten und -farben und läßt die Knüpfeigenschaften der verschiedenen Schnüre deutlich hervortreten.

Gummiringe: Bei größeren Schnurlängen wickelt man die überstehenden Schnüre zu kleinen Bündeln zusammen und hält sie durch Gummiringe fest.

Scherklammern: Sie sind, an Tischkanten oder ähnlichem festgeschraubt, nahezu universell verwendbar, besonders beim Ablängen von Schnur, Abb. 5.1, oder als Spanner für eine waagrechte Trägerschnur, Abb. 2.2. (Man bekommt sie in Webereibedarfsgeschäften.)

Darüber hinaus ist es ratsam, einen Ordner für das Schnurmaterial anzulegen mit Bezugsquellenangabe, in welchen Mengen es angeboten wird, Qualität, Farbton und Preis der jeweiligen Schnur. Ein kleines Muster, das aus der betreffenden Schnur geknüpft wurde, erleichtert es zudem, die Wirkung der geknüpften Schnur zu erkennen. Bei der Planung neuer Stücke erweist sich ein solcher Ordner von Vorteil. Abb. 2.3

Kapitel 3

Der Halb-
und der Kreuzknoten

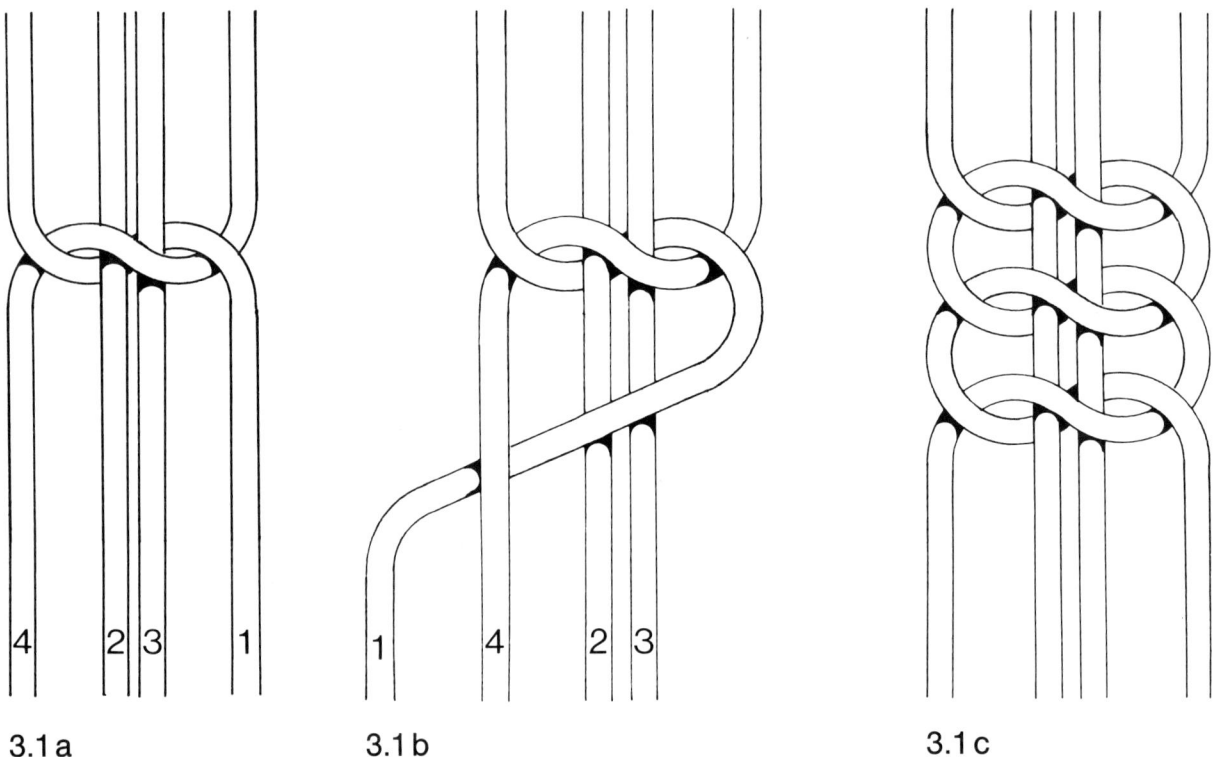

3.1 a   3.1 b   3.1 c

3.1 a   Halbknoten über zwei Mittelschnüre. Der Halbknoten ist der erste Schritt zum Kreuzknoten. Schnüre 1 und 4 sind Arbeitsschnüre, 2 und 3 Trägerschnüre. Zuerst Schnur 4 über 2/3 und dann unter 1; danach 1 unter 2/3 und über 4.

3.1 b   Anfang des nächsten Halbknotens. Wieder geht die rechte Schnur über die Mittelschnüre und unter die linke Schnur.

3.1 c   Drei Halbknoten hintereinander. Etwa nach dem vierten Knoten beginnt die Drehung, und etwa beim siebten Knoten sollte die Spirale gewendet werden.

Einer der Grundknoten des Makramee ist der Kreuzknoten, auch Weberknoten genannt. Nicht nur der Seemann, jeder von uns verwendet ihn, auch wenn es nur darum geht, ein Paket zu verschnüren. Schon die erste Hälfte des Kreuzknotens bildet einen Knoten, der als Halbknoten bezeichnet wird. Wie er geknüpft wird und seine vielfältigen Anwendungsmöglichkeiten bei Makramee sollen vor dem eigentlichen Kreuzknoten gezeigt werden.

Der Halbknoten

Zum Knüpfen benötigt man mindestens 4 Schnüre, die nebeneinander festgesteckt werden. Die beiden äußeren Schnüre werden über die zwei inneren geknotet, Abb. 3.1a. Eine Folge von Halbknoten läßt eine Art Wendeltreppe oder Spirale ent-

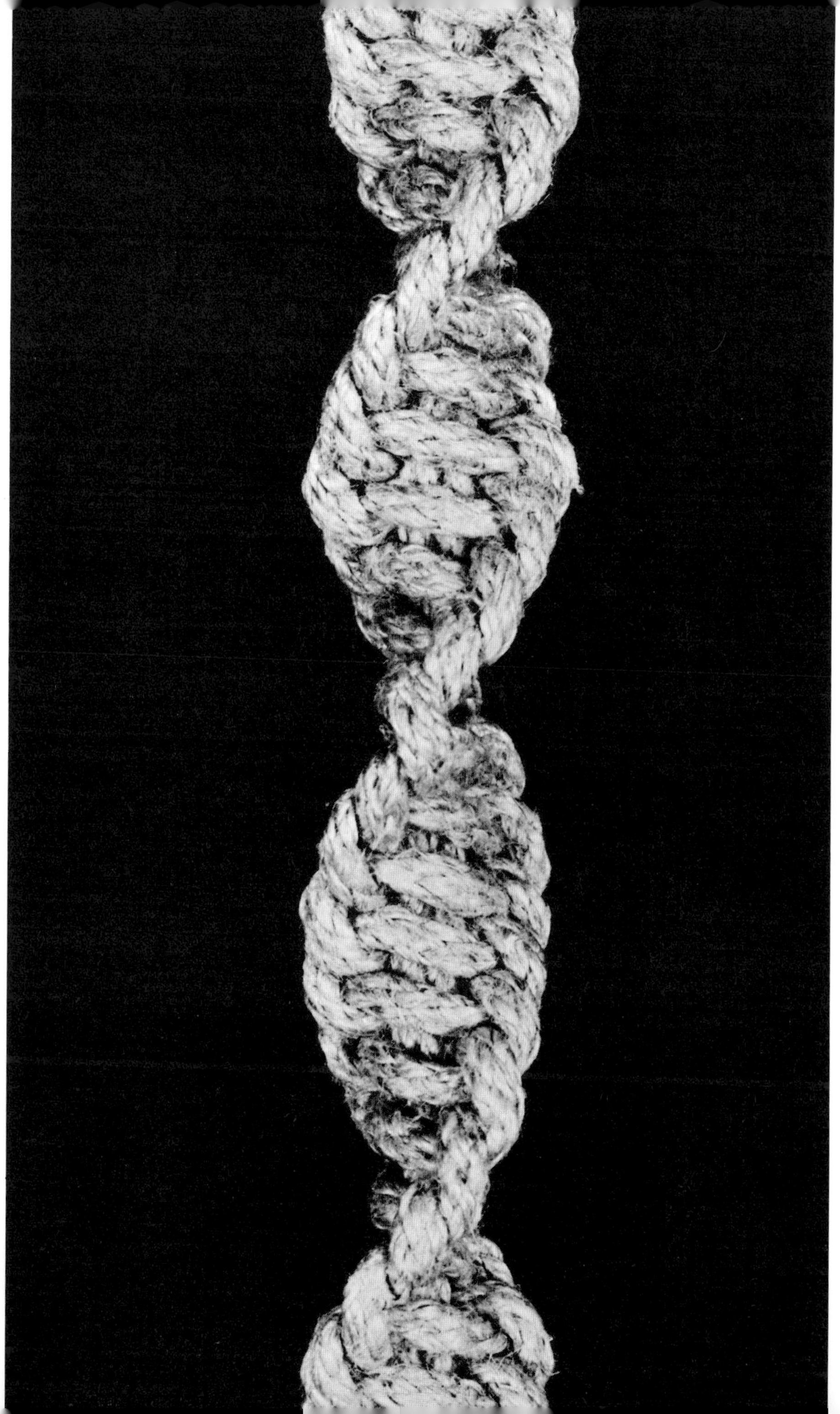

3.2   Fertige Halbknoten-Spirale.

3.3a Übergang vom Halbknoten zum Kreuzknoten, Schnur 1 unter 2/3 und über 4 bringen.

3.3b Kreuzknoten-Abschluß. Schnur 4 über 2/3 unter der Schlaufe von Schnur 1 durch. Festziehen.

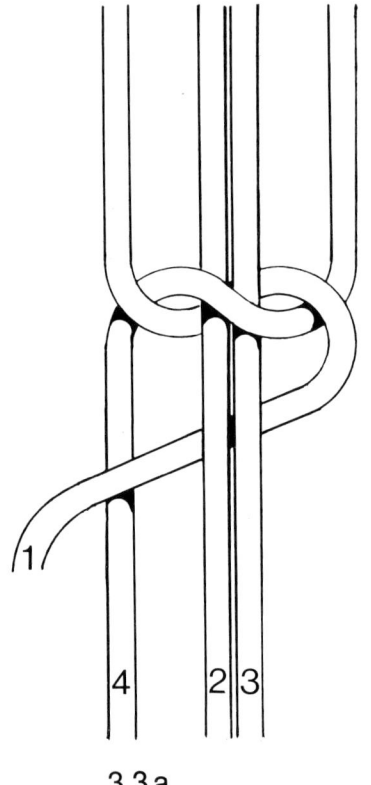

3.3a

3.3b

Seite 25:
3.4 Kreuzknotenbänder.
Links: in dichter Folge geknüpft.
Mitte: auf Abstand geknüpft.
Rechts: mit Schlaufen. 3 Knoten in dichter Folge, den 4. Knoten auf Abstand knüpfen und dann dicht an die vorhergehenden Knoten heranschieben.

stehen, ein zierliches und in Makramee häufig vorkommendes Motiv, Abb. 3.1b und c; Abb. 3.2. Das Knotenband fängt etwa beim siebten Knoten an sich zu verdrehen und wird dann ganz einfach gewendet, so daß beim Weiterknüpfen die Rückseite vorne liegt.

Der Kreuzknoten
Der Kreuzknoten wird in zwei Arbeitsgängen geknotet. Der erste Schritt, der Halbknoten Abb. 3.1a, wird einfach spiegelbildlich wiederholt, Abb. 3.3a und 3.3b. Eine Serie von Kreuzknoten erzeugt ein flaches Knotenband, ein sehr vielseitiges und hübsches Makramee-Muster, das viele Variationen zuläßt. Abb. 3.4

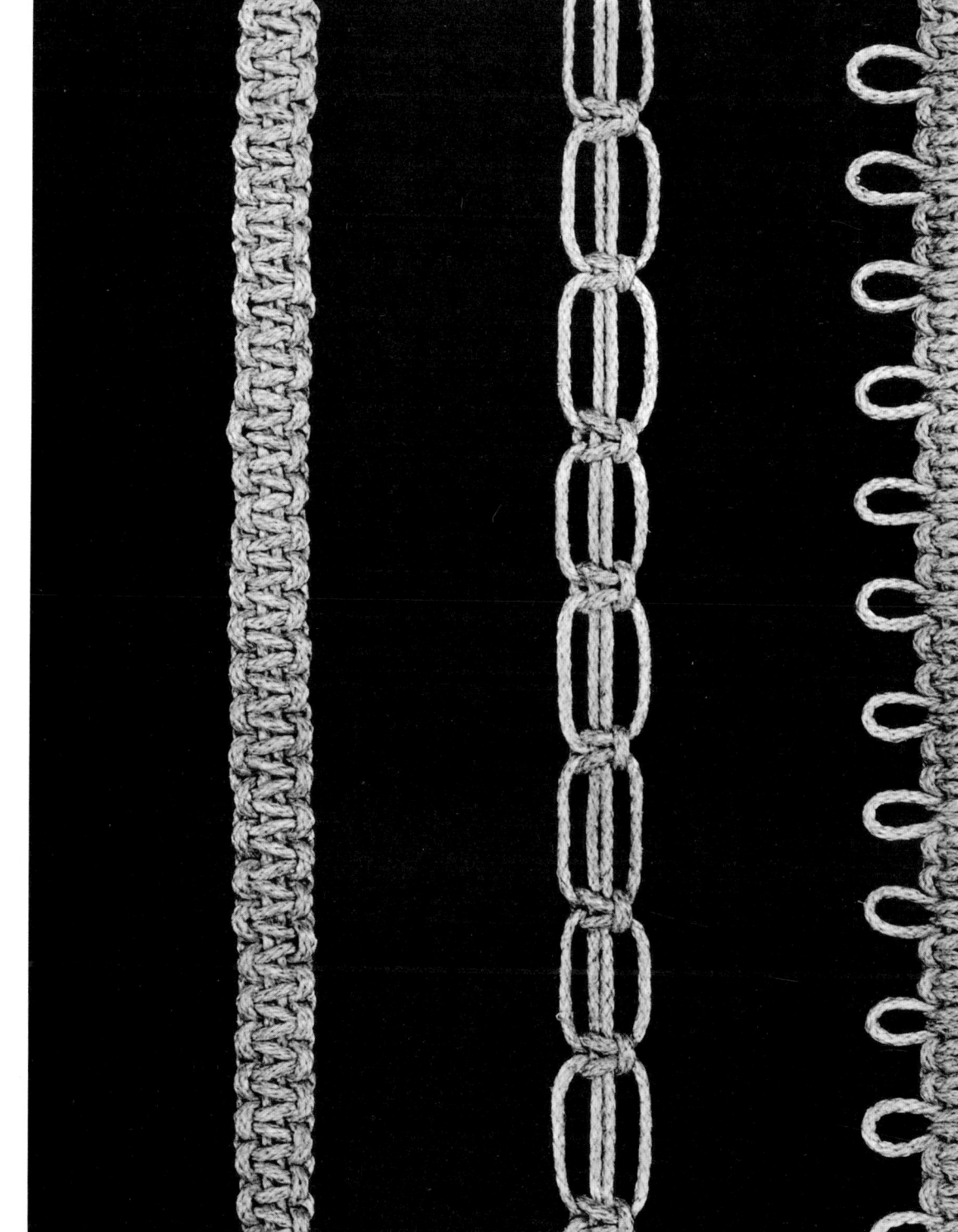

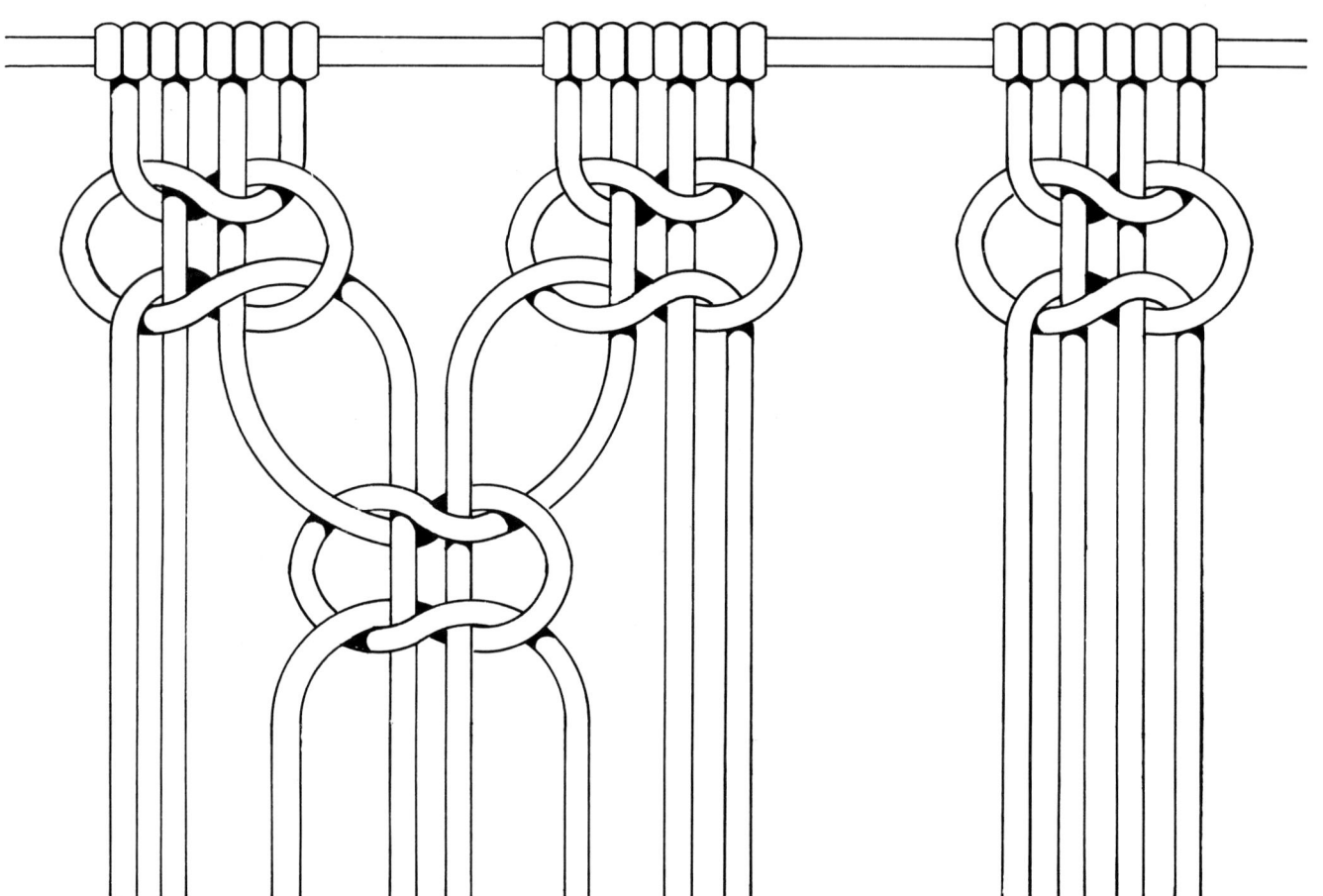

3.5 Gestaffeltes Kreuzknoten-Muster. Erst eine Reihe durchknüpfen. Bei der nächsten Reihe die ersten beiden Schnüre links frei lassen und bei der dritten Reihe wieder ganz links beginnen.

Seite 27:
3.6 Gestaffeltes Kreuzknotenmuster aus polierter Hanfschnur.

Wie bei allen Makramee-Motiven kann der Kreuzknoten und die kurze Spirale gestaffelt, d. h. in der nächsten Reihe um einen Schritt verschoben, verwendet werden, um so ornamentale und attraktive Muster zu schaffen, Abb. 3.5. Das gestaffelte Kreuzknotenmuster liegt flach und eignet sich vorzüglich für Taschen, Schals, Schultertücher oder aber auch für kleine Flächen innerhalb eines Halsschmucks, Abb. 3.10 und 8.7.

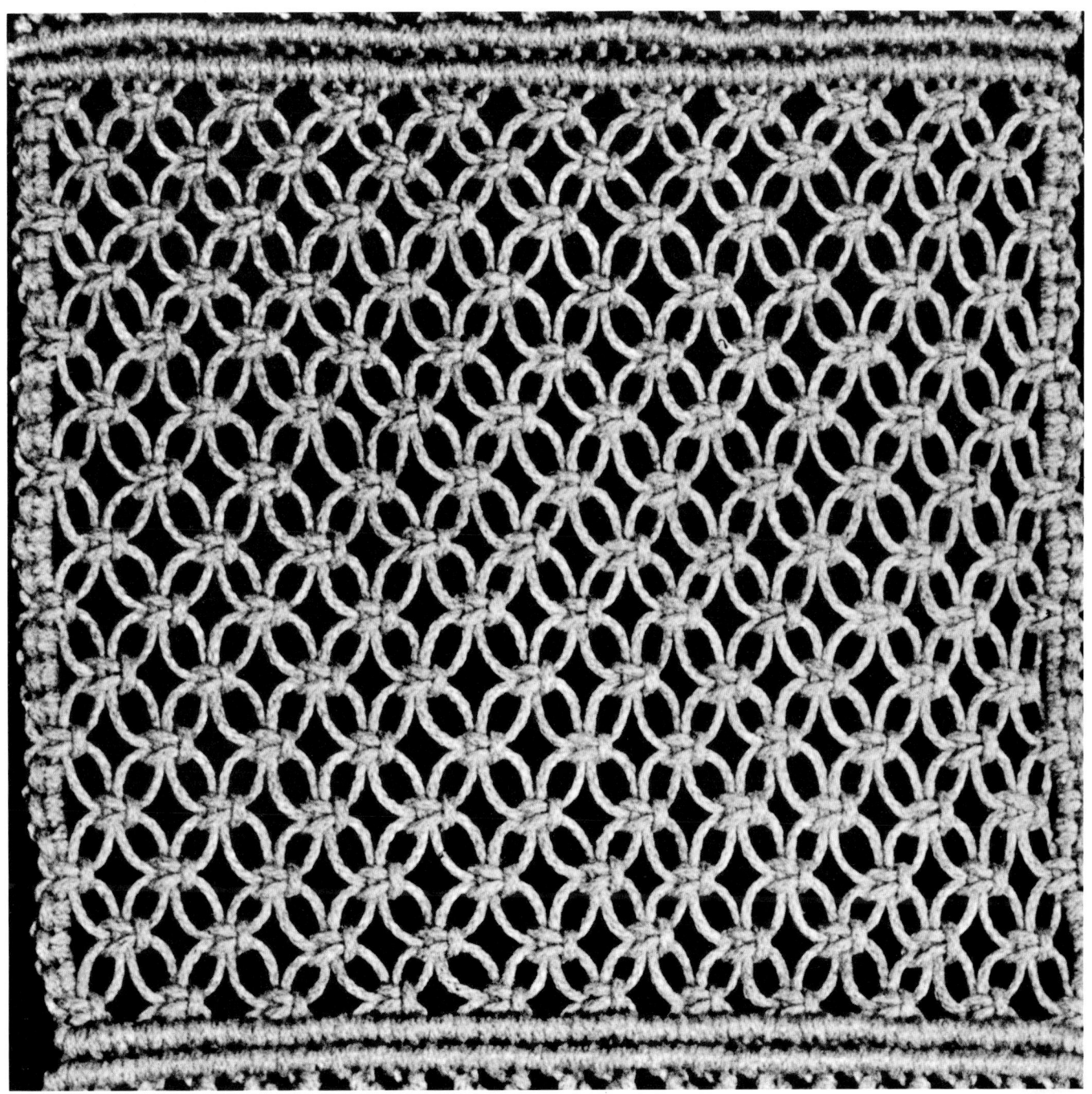

3.7 Gestaffelte Kreuzknoten, Spiralen und Doppelschläge sind in
diesem riesigen Wandbehang vereinigt (Höhe 4 m). Die Arbeitsschnüre waren 11 m lang!
Von Betty Householder.

3.8 Detail von 3.7. Die Spiralen sind 4 cm breit.

Die gestaffelte Spirale aus Halbknoten fällt etwas dicker aus und eignet sich daher gut für Wandbehänge, in denen Wert auf Struktur gelegt wird. Abb. 3.9
Die ganze Vielseitigkeit dieses Grundknotens erschließt sich erst beim Knüpfen und wird immer wieder zum Spiel mit neuen attraktiven Kombinationsmöglichkeiten reizen.

Arbeitsschnur = Schnur, die den Knoten bildet.
Trägerschnur = Schnur, auf der der Knoten sitzt.

Seite 30/31:
3.9 Gestaffeltes Spiralenmuster aus Halbknoten. Man sieht deutlich, daß bei jeder zweiten Reihe die beiden ersten und letzten Schnüre frei bleiben.
3.10 Cathy Frank hat gestaffelte Kreuzknoten und Kreuzknotenbänder zu einem hübschen Muster für eine Schultertasche vereinigt. Die Tasche ist vollständig in Abb. 7.10 zu sehen.

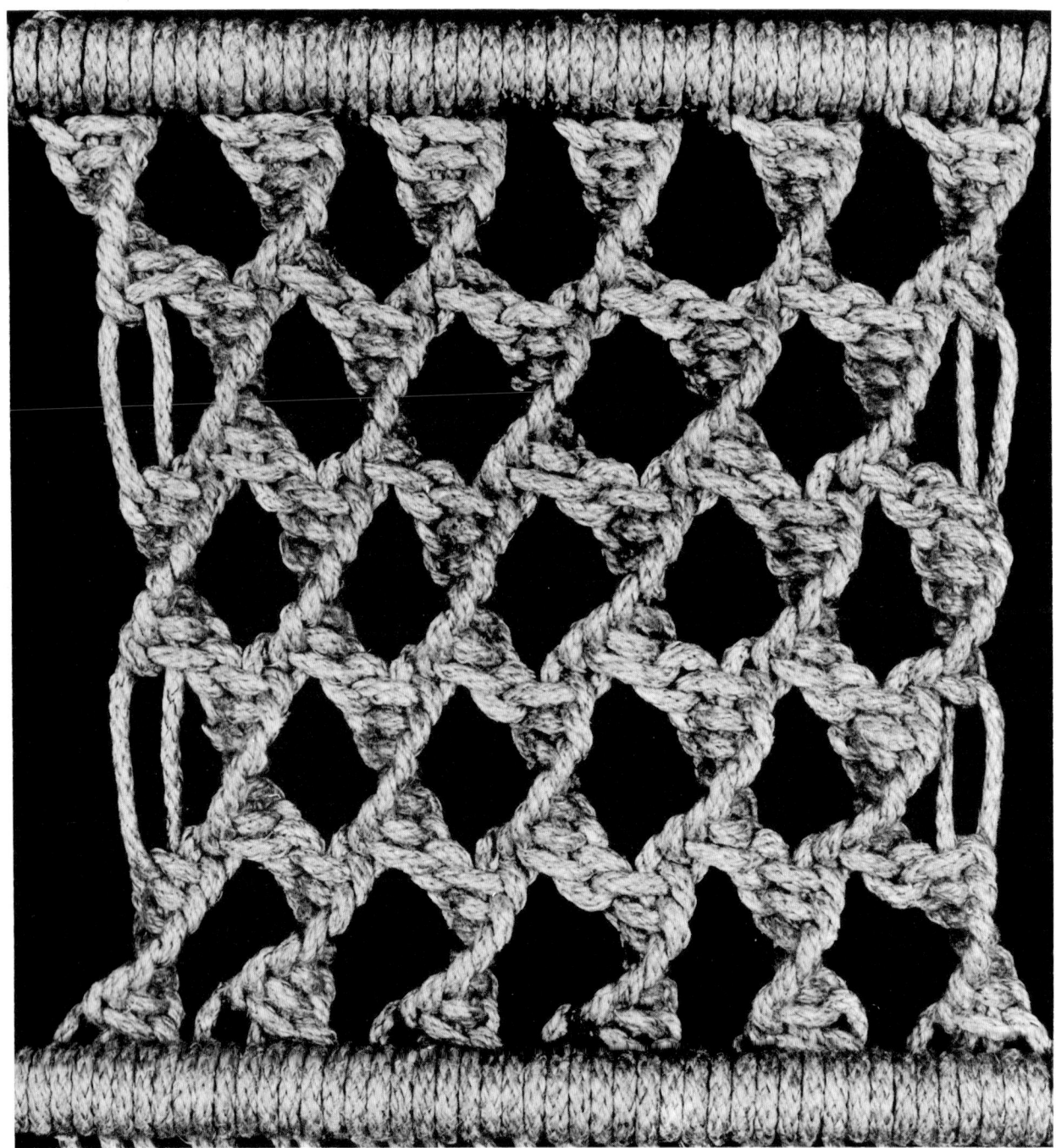

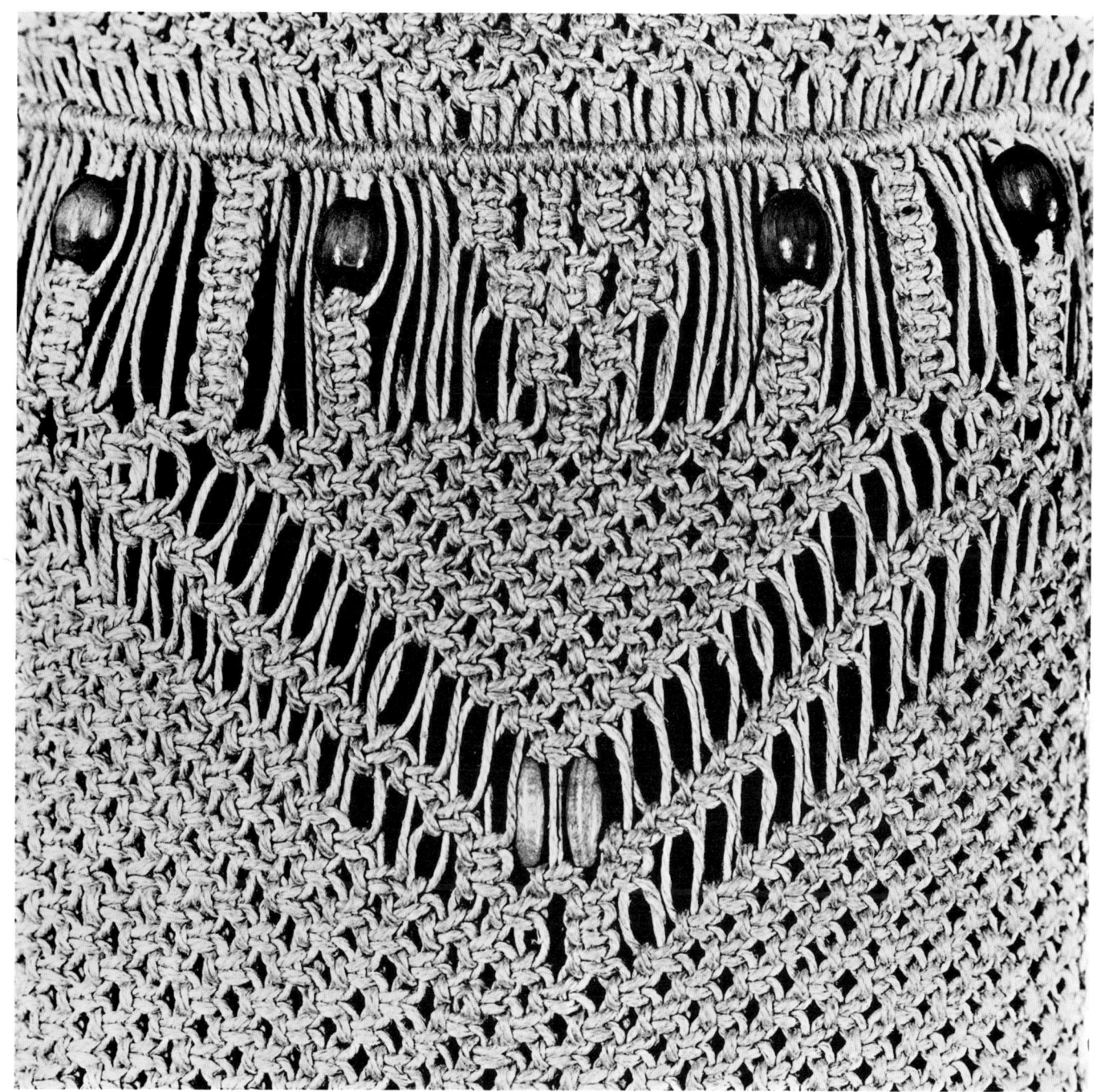

31

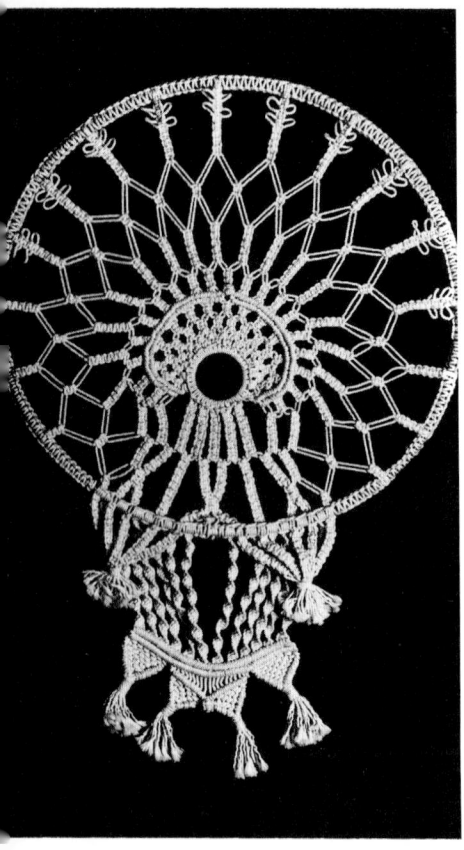

3.11

3.12

3.11 Kreisrunder Wandbehang,
fast nur aus Kreuzknotenbändern
und Spiralen. Durchmesser 50 cm.
Von Barbara Wittenberg.

3.12 Dieses Detail zeigt den Abschluß durch Aufdröseln der Baumwollschnüre.

Kapitel 4

Der Doppelschlag und der halbe Schlag

4.1 Horizontaler Doppelschlag von links nach rechts. Schnur 2 wird über die Trägerschnur 1 geschlagen. Beim Knüpfen wird die Trägerschnur mit der rechten Hand straff gehalten, während die linke den Knoten schlägt.

4.2 Horizontaler Doppelschlag von rechts nach links. Beim Knüpfen muß die Trägerschnur mit der linken Hand straff geführt werden, während die rechte Knoten schlägt.

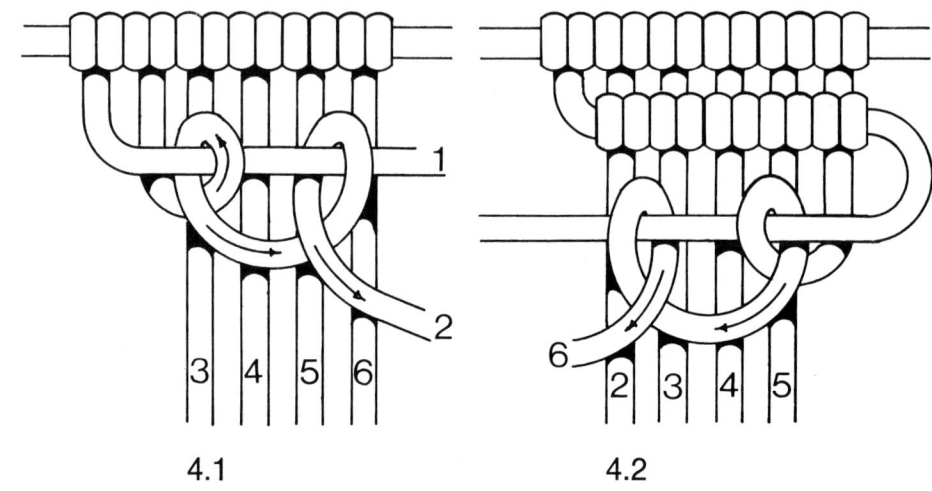

4.1   4.2

Der am häufigsten gebrauchte und vielseitigste Makramee-Knoten ist der Doppelschlag, auch zwei „halbe Schläge" genannt. Er wird geknüpft, in dem man zwei Schlingen mit der einen Schnur über die andere Schnur schlägt, Abb. 4.1. Eine Reihe von Doppelschlägen über eine Trägerschnur geschlagen sieht aus wie eine Reihe von Maschen auf einer Stricknadel. Die Verlaufrichtung einer solchen Knotenreihe wird von der Trägerschnur bestimmt, auf der die Doppelschläge sitzen. Bei einer horizontalen Reihe muß die Trägerschnur straff horizontal gehalten bzw. gespannt werden, Abb. 4.1; 4.2. Eine Diagonale entsteht also bei schräg geführter Trägerschnur, Abb. 4.8; 4.9. Beliebte Makramee-Motive wie das X, das Blatt, das Zick-Zack oder die Raute lassen sich sämtlich auf die diagonale Doppelschlagreihe zurückführen.

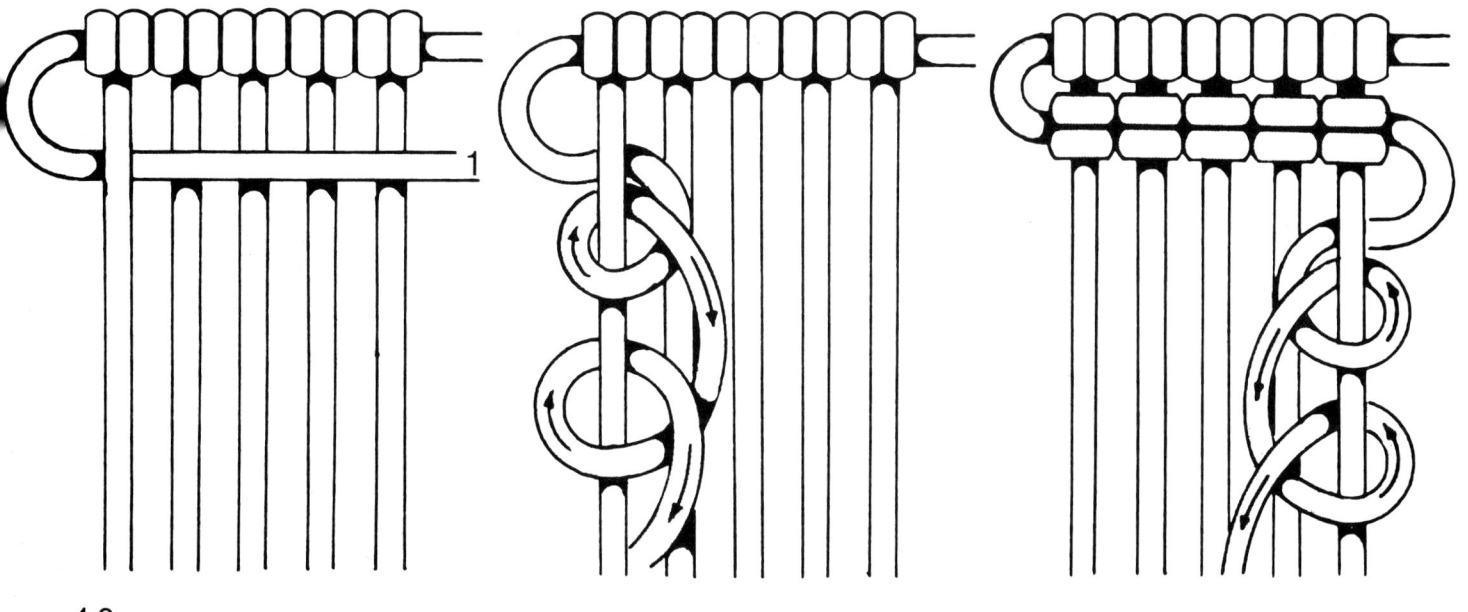

4.3

Bei vertikalen Doppelschlägen ändert sich der Vorgang. Statt einer Trägerschnur, die über die anderen Schnüre geführt wird, bilden hier die vertikalen Schnüre eine nach der anderen die Trägerschnüre, Abb. 4.3.

Beide Knoten, die horizontalen oder die vertikalen Doppelschläge, können allein oder kombiniert zur Bildung von interessanten Oberflächenstrukturen eingesetzt werden, Abb. 4.4; 4.6. Aber auch die freie Linienführung, die Umrisse und Linien aller Art nachzeichnen kann, wird durch diese Knoten möglich, da die Trägerschnur in jede Richtung geführt werden kann. Zum Einüben des Doppelschlags kann der in Kapitel 7, Abb 7.1 gezeigte Gürtel geknüpft werden, der nur aus Doppelschlägen besteht.

4.3 Vertikale Doppelschläge. Schnur 1 ist Arbeitsschnur, mit der die Doppelschläge nacheinander auf die senkrechten Trägerschnüre geschlagen werden.

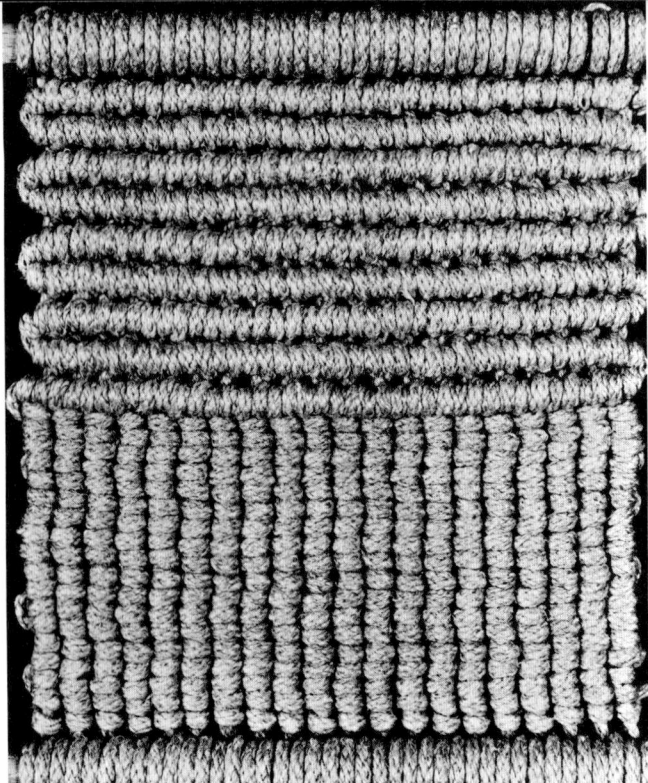

4.4

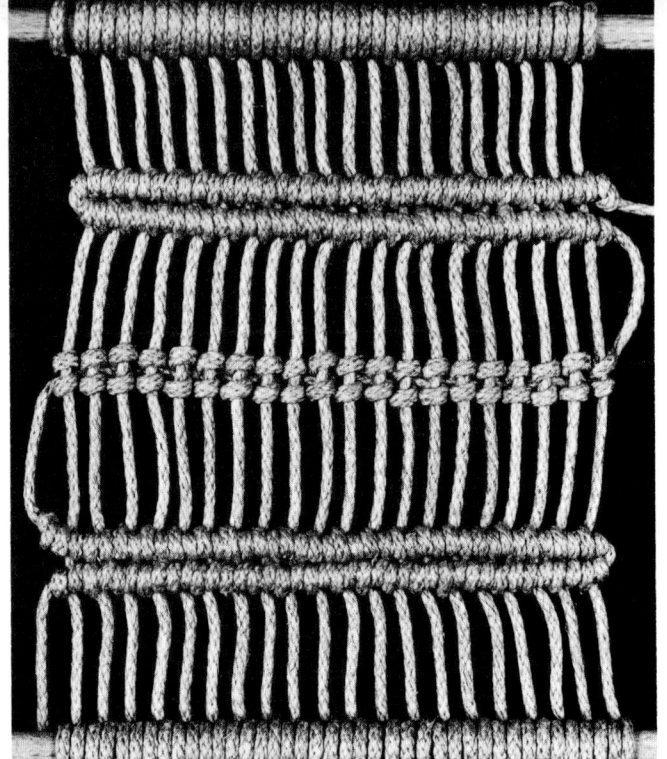

4.5

4.4 Strukturkontrast, der durch horizontale (oben) und vertikale (unten) Doppelschläge erzielt wurde.

4.5 Horizontale und vertikale Doppelschlagreihen auf Abstand geknüpft.

4.6 Kontrastierende Oberflächenstruktur, die nur durch horizontale Doppelschläge erzeugt wurde. Die untere Hälfte zeigt die Rückseite der oberen Hälfte. Das Stück wurde beim Knüpfen der unteren Hälfte einfach gewendet.

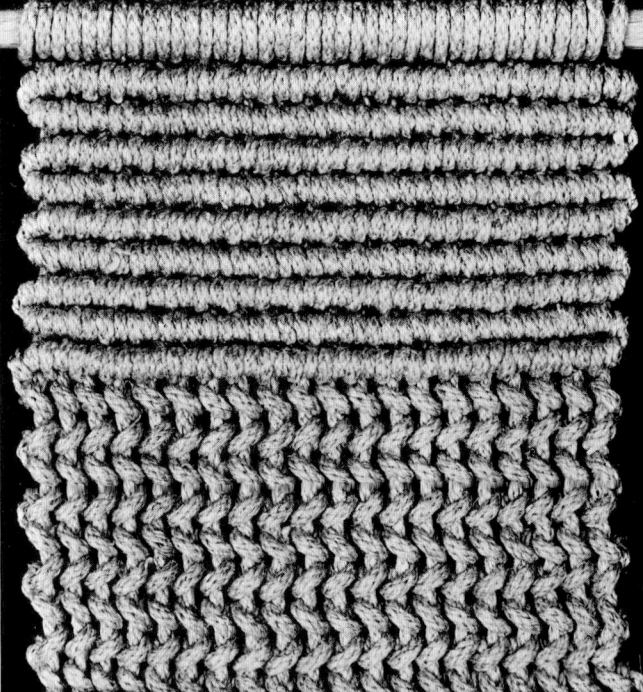

4.6

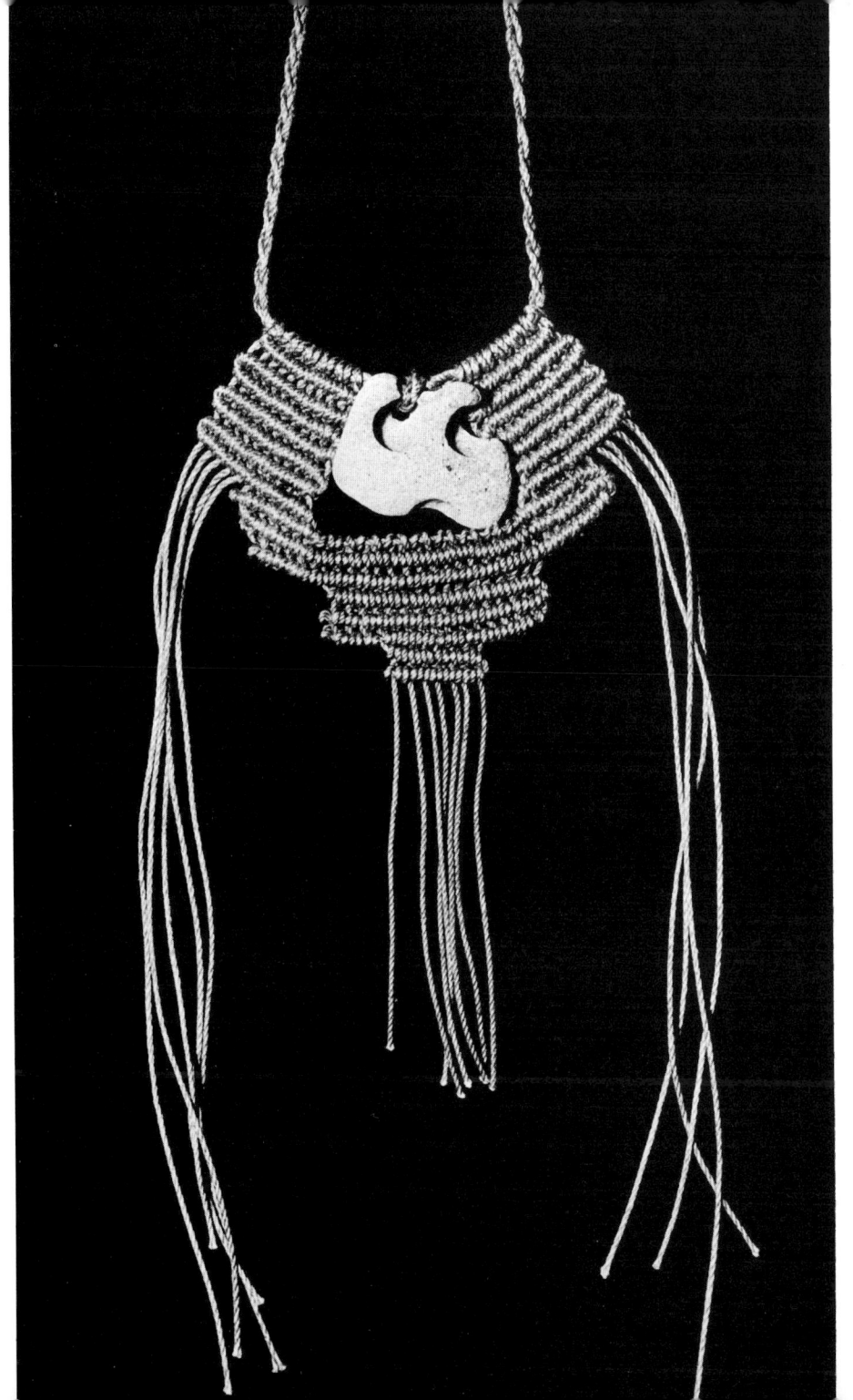

4.7 Die reizvolle Oberflächenstruktur dieses Halsschmucks wurde ausschließlich durch horizontale Doppelschläge erzielt. Die parallelen Knotenreihen bringen die asymmetrische Form des porösen Natursteins zur Geltung.
Von Cathy Frank.

4.8 Diagonale Doppelschläge von links nach rechts. Die Trägerschnur 1 mit der rechten Hand straff halten, während die linke die Knoten schlägt.

4.9 Diagonale Doppelschläge von rechts nach links. Trägerschnur 1 mit der linken Hand straff halten, während die rechte die Knoten schlägt.

4.10 a Die Raute aus diagonalen Doppelschlägen. Der erste Doppelschlag wird aus den beiden Mittelschnüren geknüpft.

4.10 b Beim Abschluß der Raute werden die beiden Trägerschnüre wieder zur Mitte geführt und dann zu einem Doppelschlag verknotet.

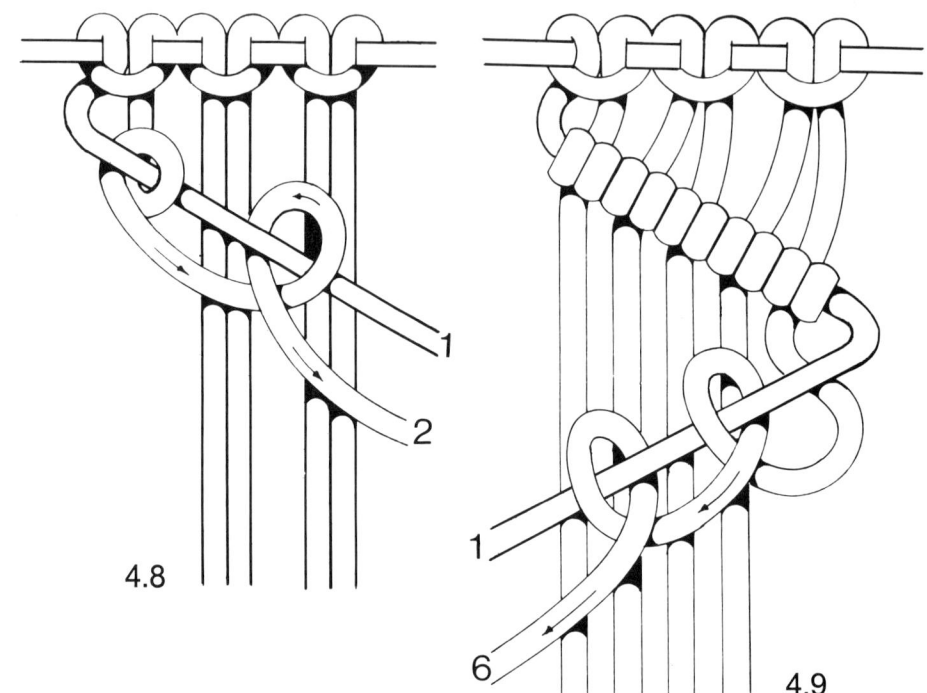

4.8

4.9

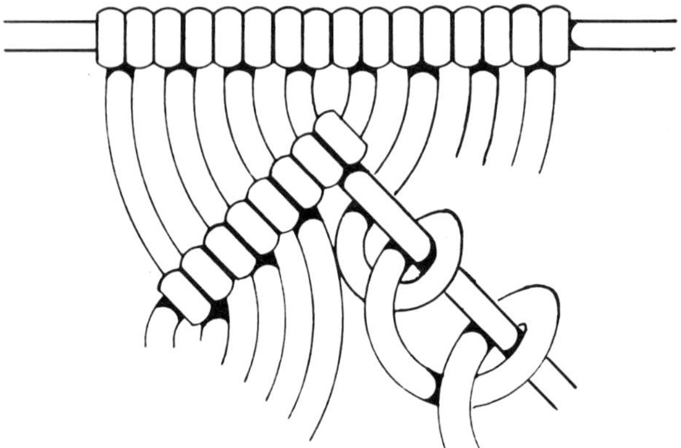

4.10 a

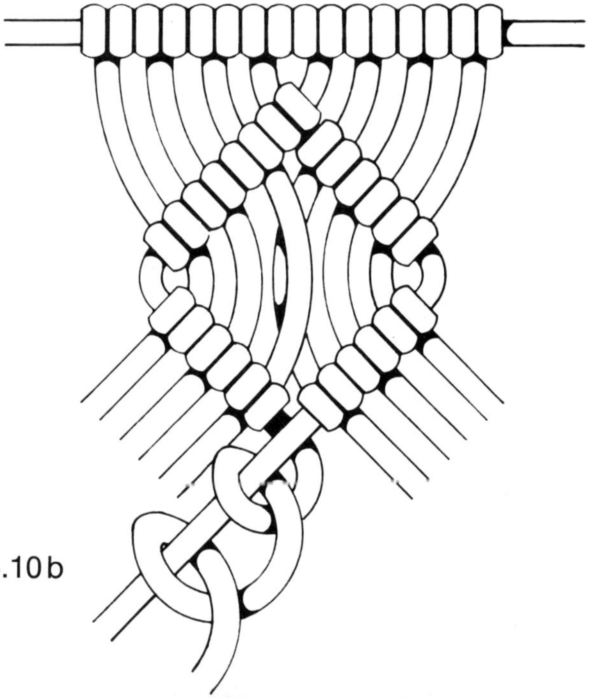

4.10 b

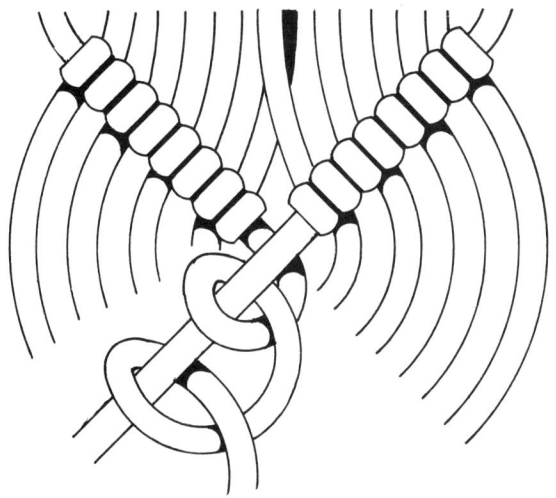

4.11 a

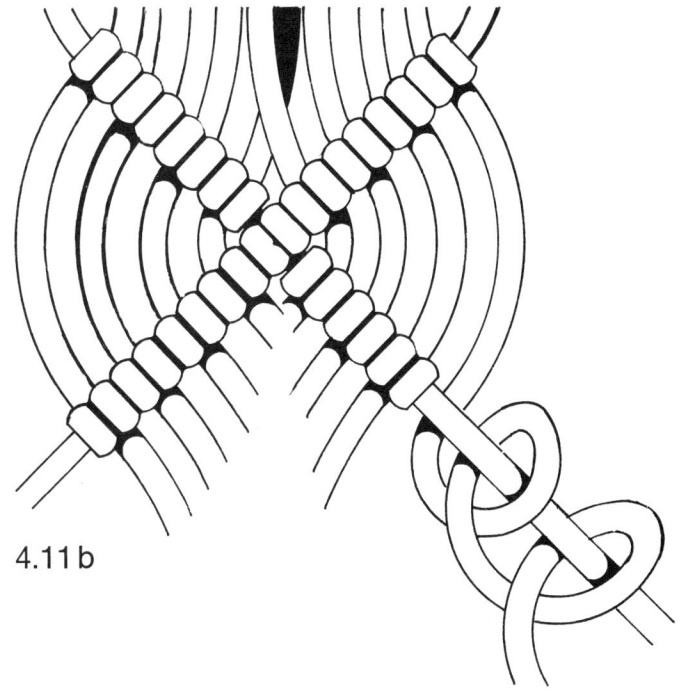

4.11 b

4.11 a Das X-Motiv. Die äußeren Schnüre sind Trägerschnüre, die in der Mitte mit einem Doppelschlag verbunden werden, bevor die untere Hälfte des X geknüpft wird.

4.11 b X-Motiv. Abschluß.

4.12 Variationen des Rauten- und X-Motivs in einem Gürtel aus orangefarbener Baumwollschnur von Mary Kalkhoven.
Foto: Bruce Kalkhoven

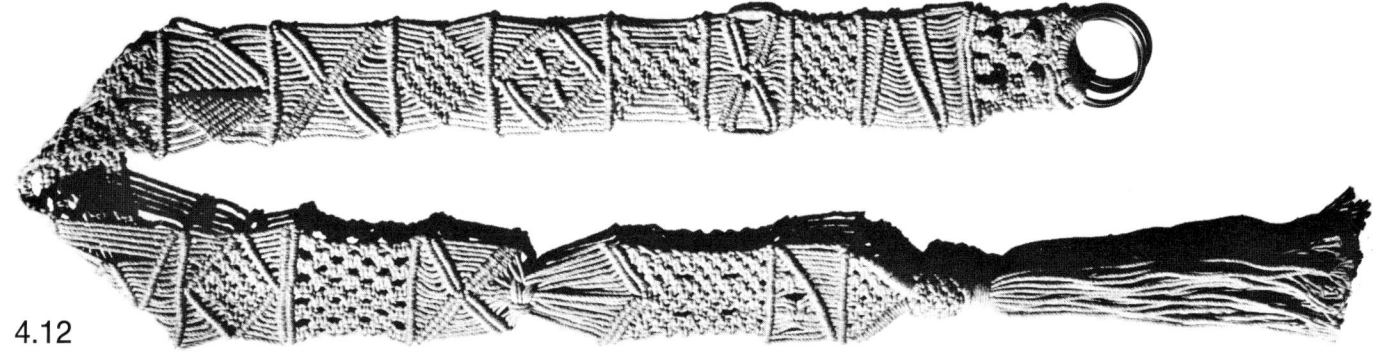

4.12

4.13a Das Blatt-Motiv. Schnüre 2 - 8 werden der Reihe nach über die Trägerschnur 1 geschlagen. Die Trägerschnur bestimmt die Blattkrümmung. Für die untere Blatthälfte wird Schnur 2 zur Trägerschnur.

4.13b Blatt-Motiv, Abschluß.

Seite 41:
4.14 Reihung von Blatt- bzw. Zick-Zack-Motiven eignen sich sehr gut für Gürtel.

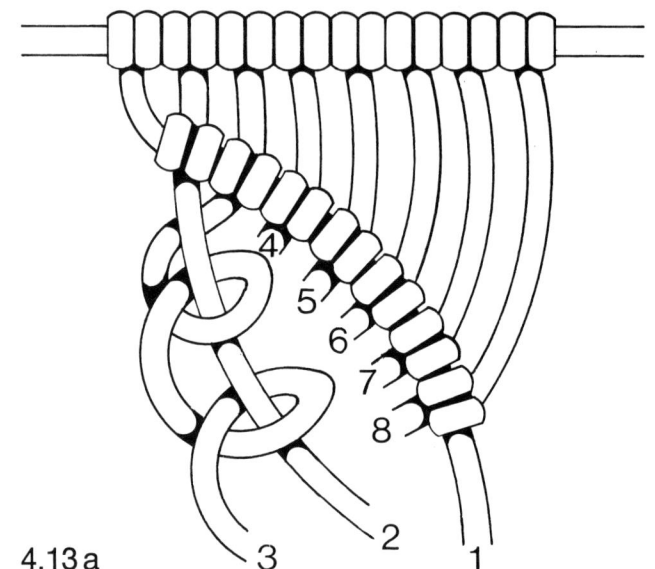

4.13a

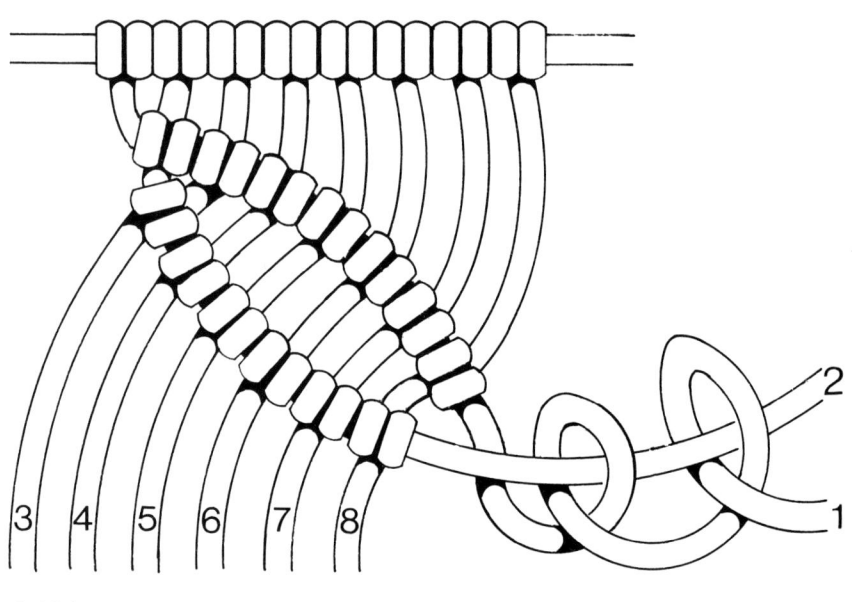

4.13b

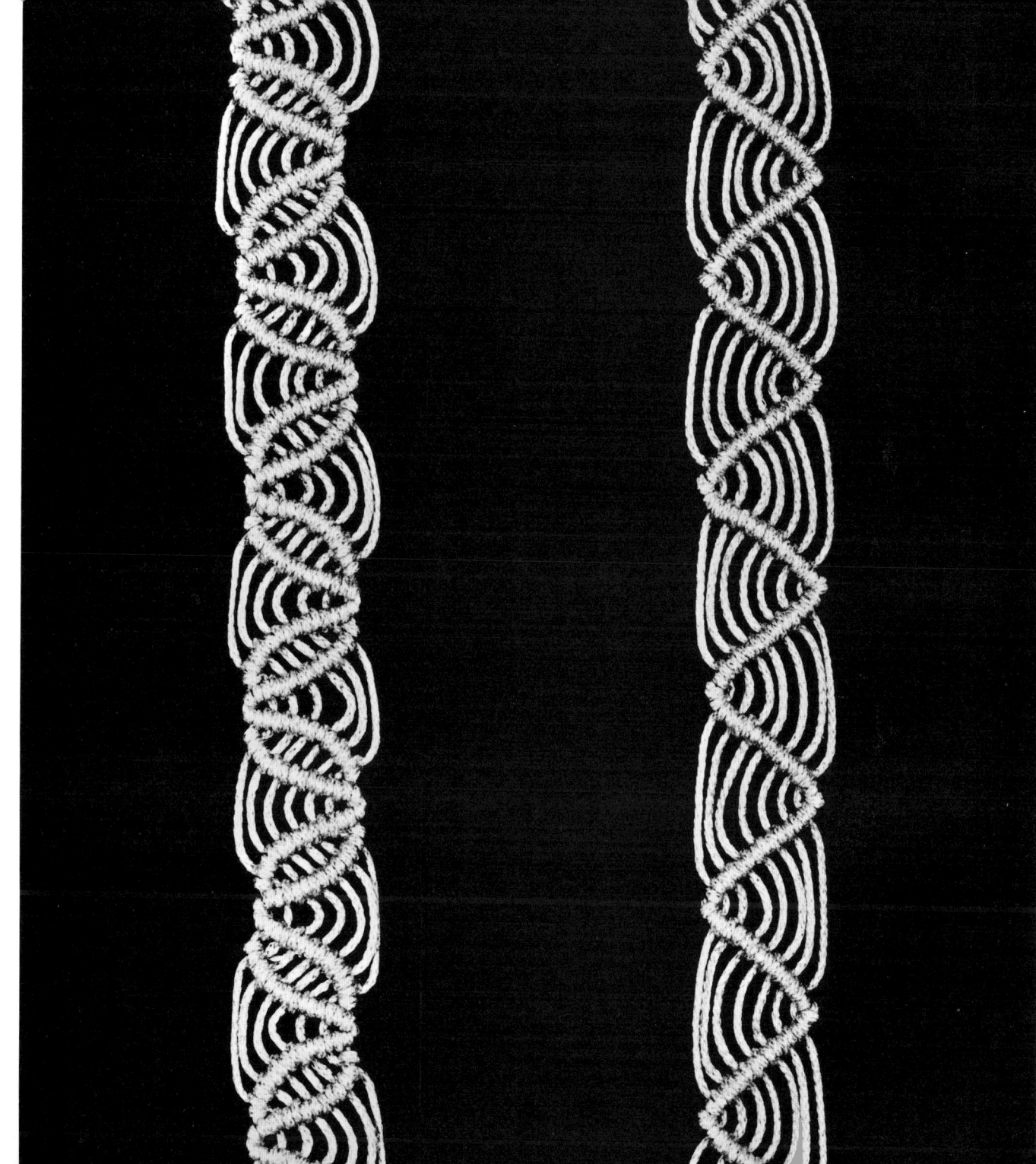

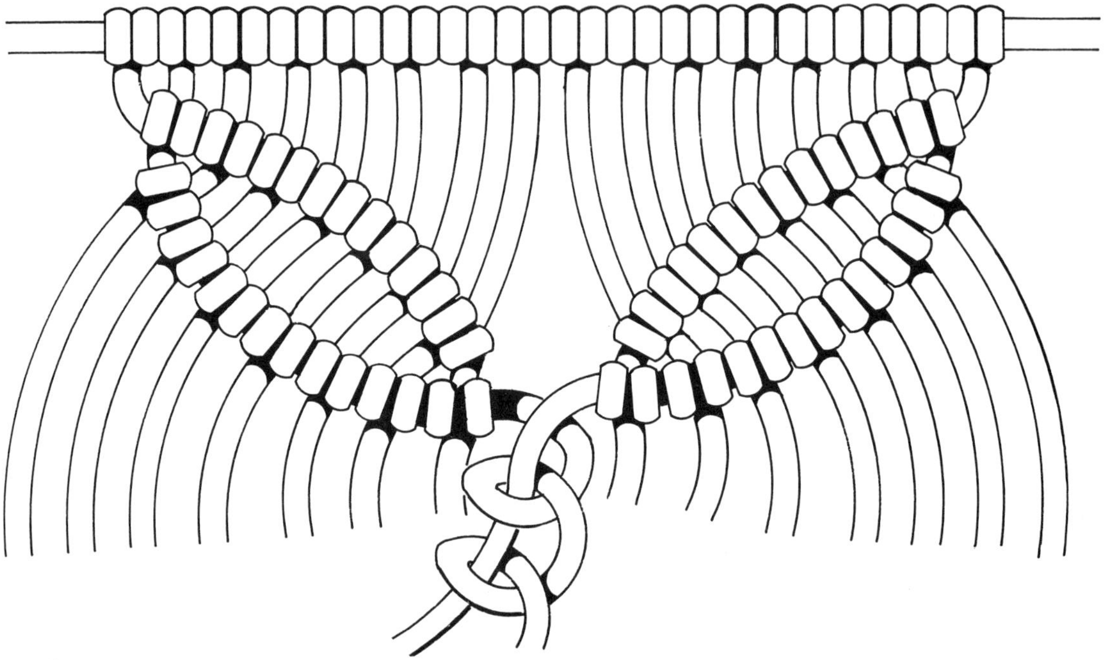

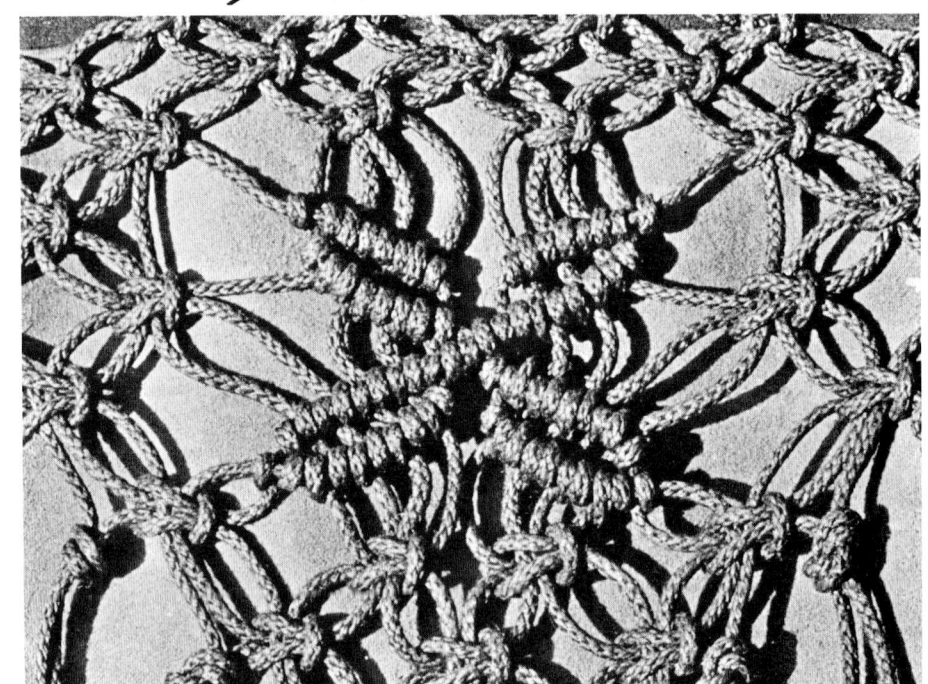

4.15 a

4.15 a Blumenmuster aus 4 Blättern. Anfang bis Mitte.

4.15 b Fertiges Blumenmuster.

4.16 Blumenmotiv auf Wildledertasche. Detail aus Abb. 7.17.

4.16

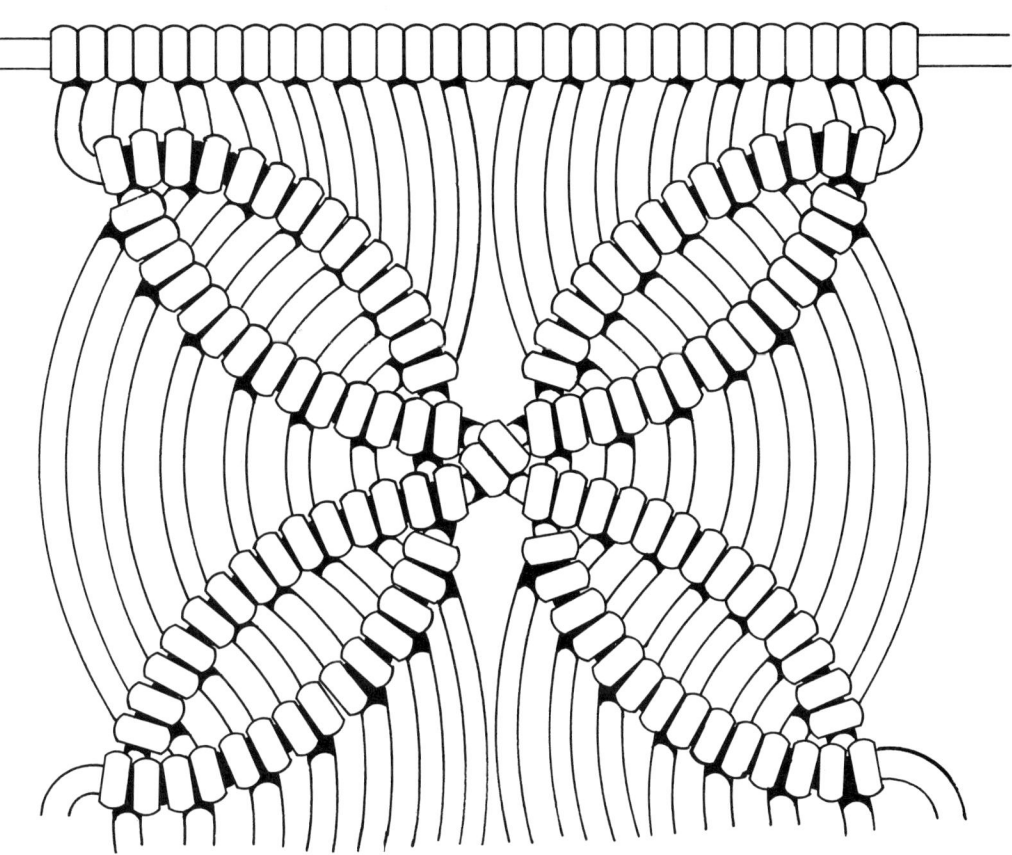

4.15 b

4.17 a Die Knoten-Beere. Anfang.
8 Schnüre sind erforderlich. Nach
den beiden Kreuzknoten werden die
Schnüre 1 bis 4 über 5 - 8 geknüpft.

4.17 b Abschluß der Knoten-Beere.
Zwei fest verknotete Kreuzknoten
schließen das Viereck ab. Die dabei
entstehende Wölbung wird mit der
Fingerkuppe verstärkt.

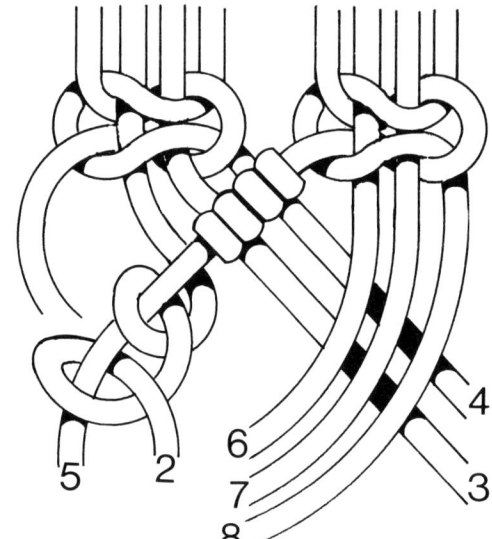

4.17 a

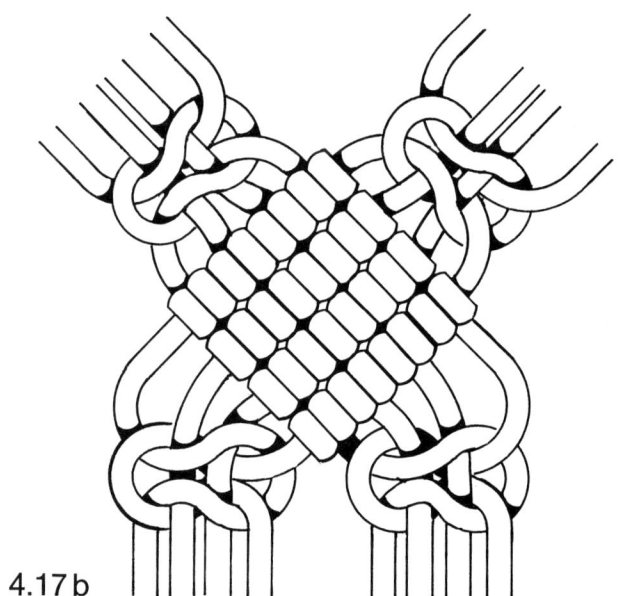

4.17 b

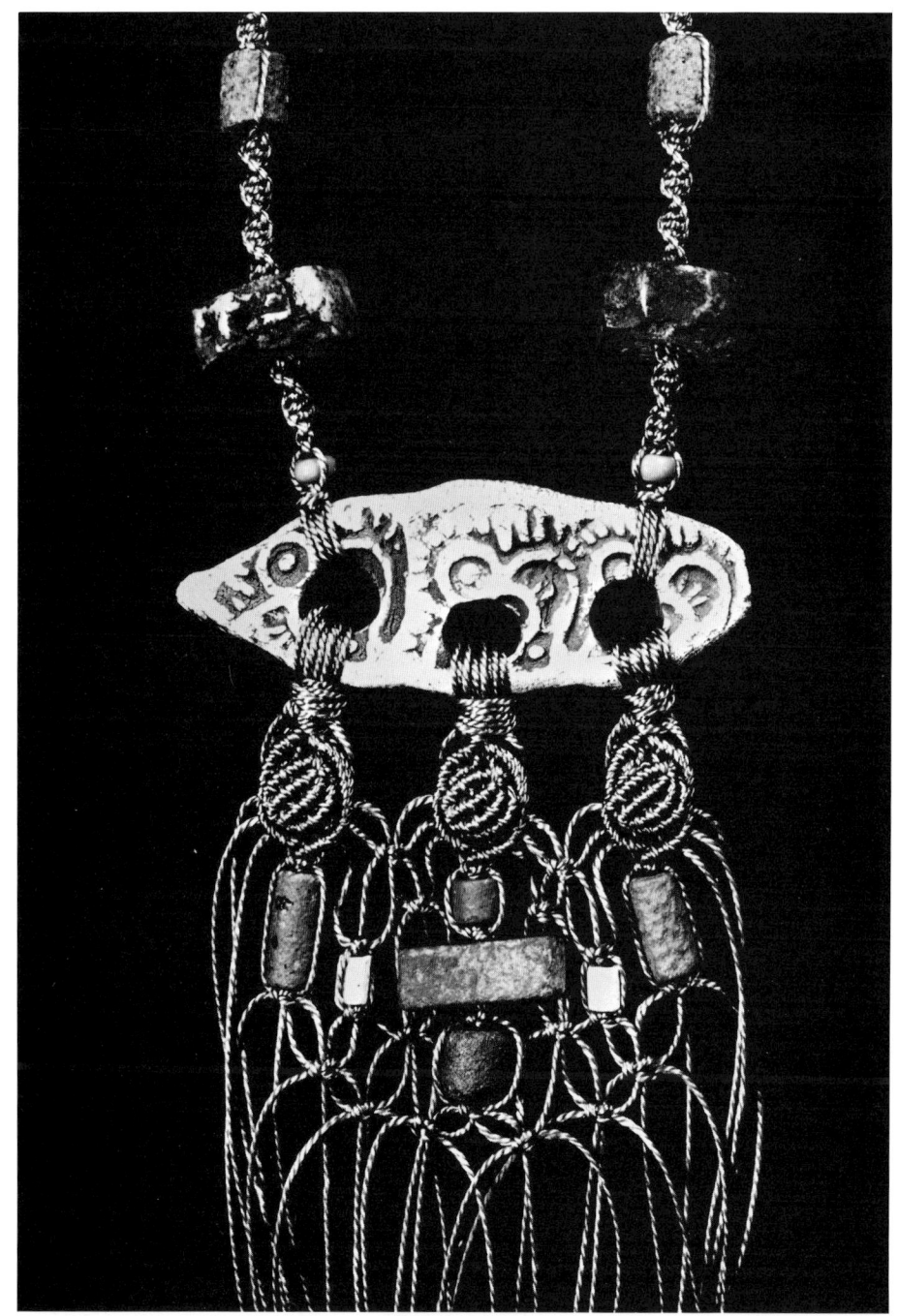

4.18 Knoten-Beeren akzentuieren diesen originellen Halsschmuck von Jean Battles.

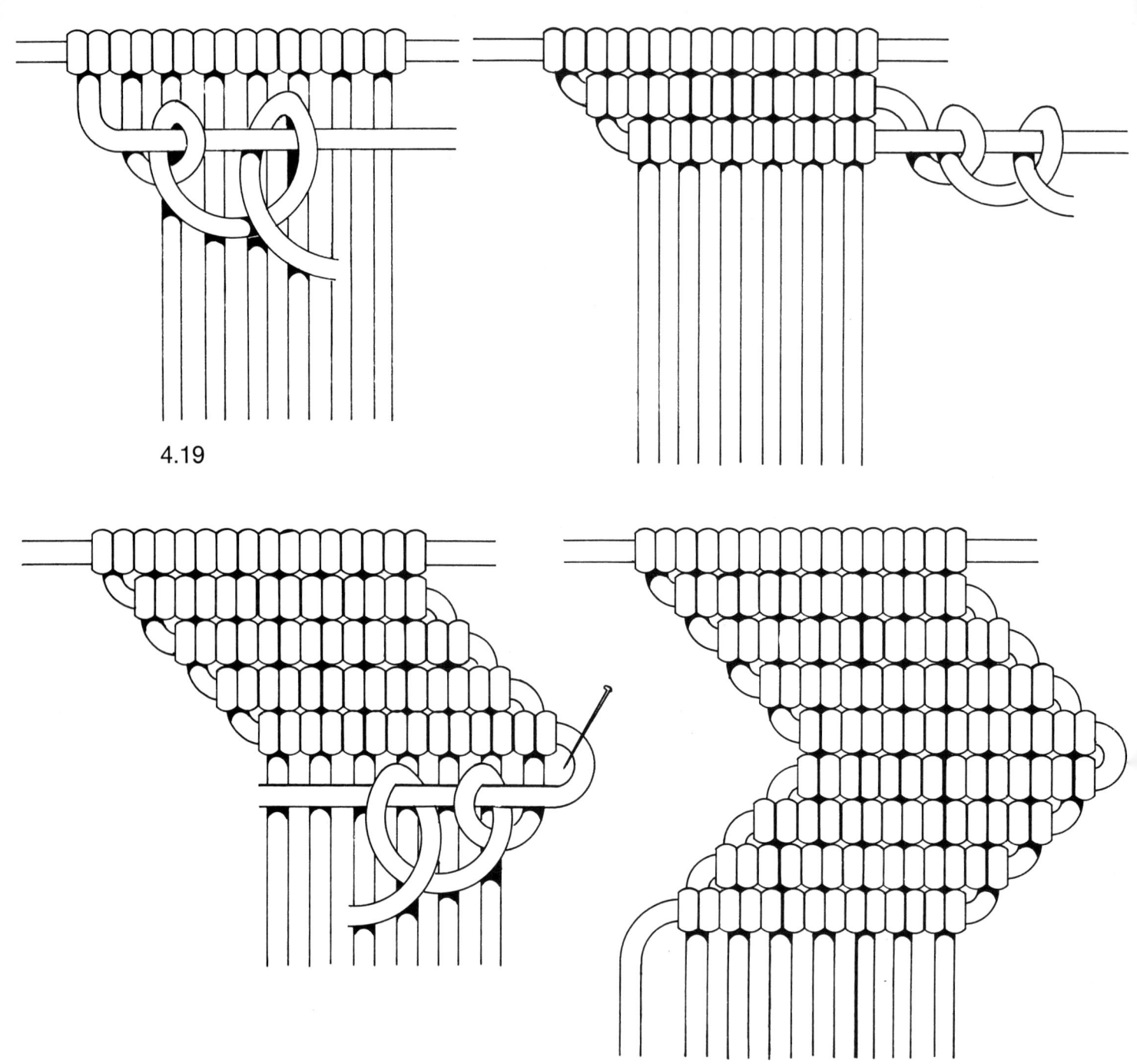

4.19

Seite 46:

4.19 Das Verwinkeln.

Durch Versetzen von Doppelschlagreihen können Winkel und Ecken
gebildet werden.

a) Zu Beginn der Doppelschlagreihe ist die linke Außenschnur Träger.

b) Jede um einen Knoten versetzte
Reihe wird wieder mit der linken
Außenschnur als Träger begonnen,
und mit der Trägerschnur aus der
vorhergehenden Reihe wird der
letzte Schlag geknüpft.

c) Der Winkel entsteht durch Versetzen der Doppelschlagreihen in
die entgegengesetzte Richtung.

d) Der vollständige Winkel.

4.20 Wandschmuck von Marilyn
Blair, in dem die Anwendung von
Winkeln die interessante geome-
trische Form erzeugt. Aus Natur-
leinen und grüner Teppichwolle.
Foto: Thomas D. Cohen

4.20

4.21 Dieser aus feiner Nylonschnur geknüpfte Halsschmuck zeigt die große Vielfalt des Doppelschlags, vor allem in der Variation des X-Motivs, der Raute und der Knotenbeere. Von Cathy Frank.

Seite 49:
4.22 Großer Wandbehang (1,50 m mal 2,10 m) aus handgefärbten Sisal- und Jutefasern, in dem die Künstler James Moran und Joel Pelcyger Makramee-Elemente, besonders Doppelschlagmuster, frei und phantasievoll vereinigt haben. Foto: Morton Witz

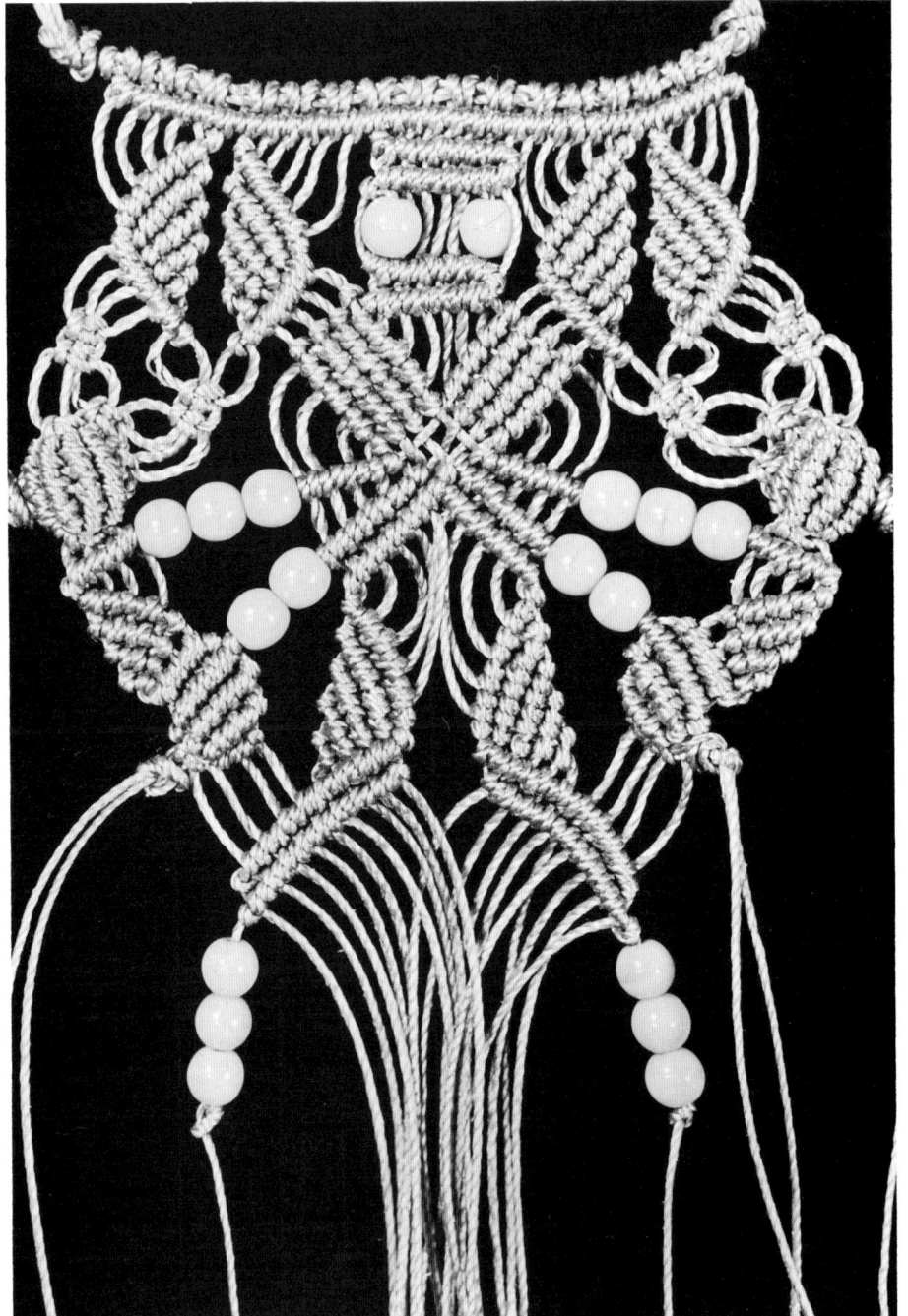

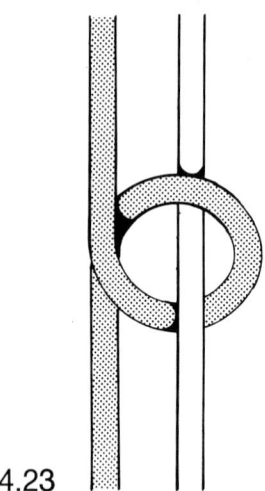

4.23

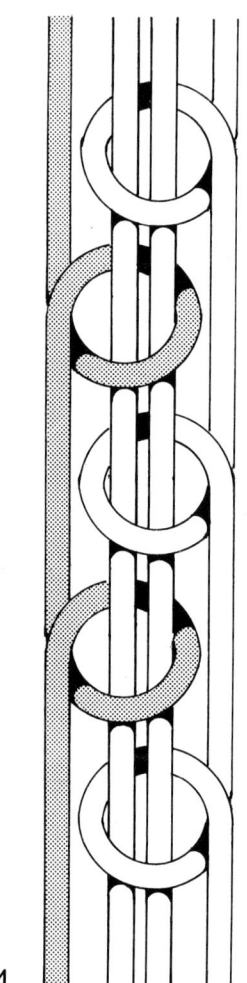

4.24

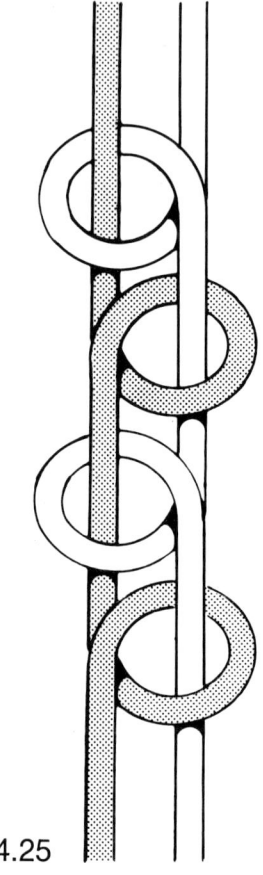

4.25

4.23 Der „halbe Schlag", auch Halbschlag genannt.

4.24 Das Halbschlagband. Halbe Schläge werden abwechselnd über zwei Trägerschnüre geschlagen.

4.25 Die Halbschlagkette. Halbe Schläge werden abwechselnd aufeinander geschlagen. Hier gibt es keine Trägerschnur.

Seite 51:
4.26 Muster aus halben Schlägen.
Links: Halbe Schläge von der gleichen Seite wiederholt ergeben eine Spirale.
Mitte: Halbe Schläge abwechselnd von links und rechts auf zwei Trägerschnüre geschlagen. Es entsteht ein flaches Band.
Rechts: Eine Kette aus halben Schlägen.

Der halbe Schlag

Der „halbe Schlag" oder Halbschlag besteht nur aus einer Schlaufe, die allein noch keinen festen Knoten bilden kann, Abb. 4.23. Wenn man ihn jedoch hintereinander auf einen Träger schlägt, entsteht eine reizvolle Spirale, Abb. 4.26. Schlägt

50

man ihn dagegen abwechselnd von beiden Seiten auf eine Trägerschnur, so erhält man ein flaches Knotenband, Abb. 4.24. Damit nicht genug; der Halbschlag läßt noch ein drittes Muster, die Halbschlagkette entstehen, wenn die Schnüre abwechselnd übereinander geknotet werden, Abb. 4.25.
Der halbe Schlag ist somit ein schönes Beispiel für die vielfältigen Variationsmöglichkeiten bei Makramee.

Kapitel 5

Das Messen und Anhängen der Schnur

Vor Beginn eines Stücks muß der ungefähre Bedarf an Schnüren berechnet werden. Die Grundregel lautet, daß man etwa viermal soviel Schnur braucht als die eigentliche Länge des Stücks beträgt. Da bei den meisten Stücken die Schnüre doppelt genommen und dann auf eine Trägerschnur oder einen Holzstab angehängt werden, muß man also die 8-fache Länge zuschneiden.

Beispiel 1

Es soll ein Gürtel mit freien Schnurenden ohne Gürtelschnalle geknüpft werden. Der Gürtel ist 70 cm lang mit je 35 cm langen Schnurenden zusätzlich an beiden Seiten. Die benötigte Schnurlänge errechnet sich wie folgt.

$$
\begin{aligned}
4 \text{ mal } 70 \text{ cm} &= 280 \text{ cm} \\
35 \text{ cm auf jeder Seite} &= \underline{70 \text{ cm}} \\
\text{Gesamtlänge} &\quad 350 \text{ cm pro Schnur.}
\end{aligned}
$$

Beispiel 2

Geplant ist ein 50 cm langer Wandschmuck mit einem Rundholz als Träger. Die Schnüre werden doppelt genommen und mit Doppelschlägen auf das Rundholz gehängt. Die Schnurlänge errechnet sich ganz einfach, indem man die geplante Länge von 50 cm 8-fach nimmt, sie beträgt also 4 m pro Schnur.

Bei einem sehr dicht und streng geknüpften Stück braucht man mehr Schnurlänge, unter Umständen bis zu 7-fach mehr Schnur. Auch der Schnurquerschnitt beeinflußt den Verbrauch, der bei dickeren Schnüren stark zunimmt. Bevor man genügend Erfahrung besitzt, um den benötigten Bedarf abzuschätzen, sollte man lieber eine kleine Musterprobe knüpfen, die erkennen läßt, wieviel Länge ein gegebenes Muster erfordert. Es ist natürlich immer ratsam, ein wenig mehr Länge für alle Fälle dazu zu geben, da man bei zu wenig Schnur mitten im

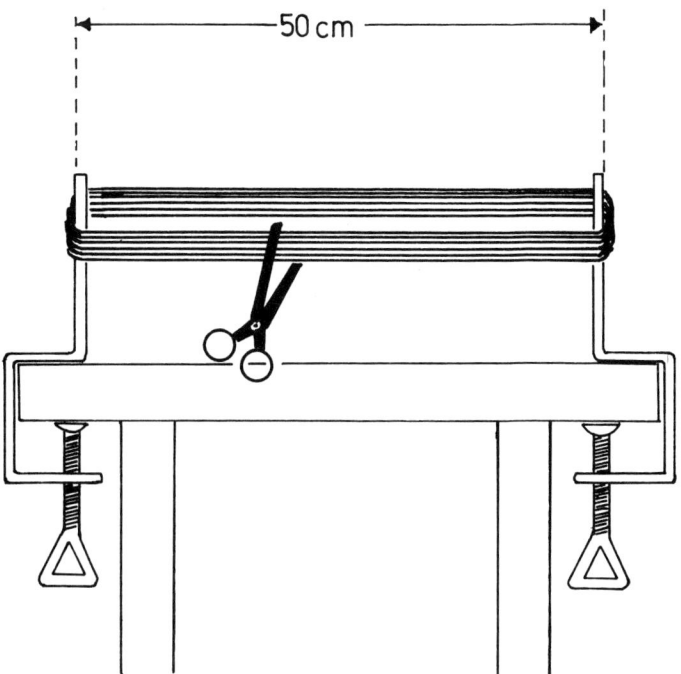

5.1 Methode zum Ablängen von Schnüren mit Hilfe von Scherklammern für Schnurlängen von 1 m.

Stück neue Schnüre einarbeiten muß, was meist recht umständlich und zeitraubend ist. Wenn ein solcher Fall doch einmal auftreten sollte, müssen die alten Schnurenden auf der Rückseite des Stücks festgenäht werden.

Große Schnurlängen bzw. -mengen lassen sich zeitsparend und genau mit Hilfe von zwei Scherklammern ablängen, die auf halber Distanz an einer Tischplatte befestigt werden. Bei 1 m langen Schnüren schraubt man die Klammern 50 cm entfernt voneinander fest. Arbeitet man mit Zehnergruppen, so umwickelt man die beiden Schraubzwingen 10mal und schneidet dann die 10 Fäden auf der Vorderseite durch, Abb. 5.1. Lange Schnüre, die sich beim Knüpfen gerne verfilzen, wickelt man vom Arbeitsstück ausgehend bis zum Schnurende auf und hält sie dann mit Gummiringen zusammen. Ein kleiner

5.2 Schnuraufhängung auf einen Rundholzträger durch einfache Schlaufen.

5.3 Schnuraufhängung durch Doppelschläge.

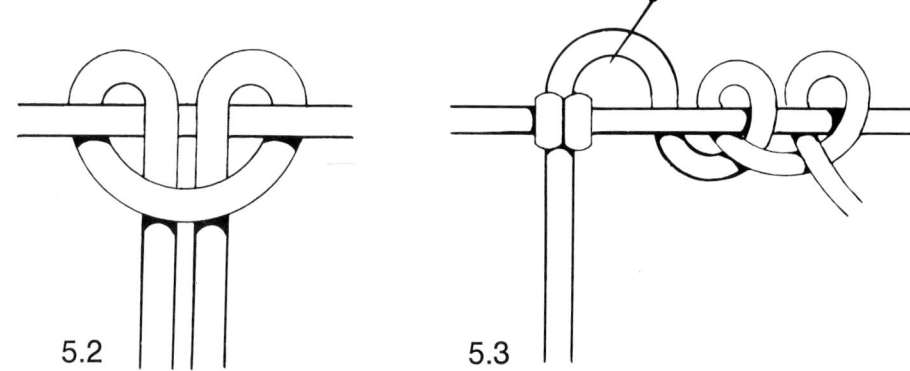

5.2   5.3

Ruck am Schnurbündel reicht dann aus, um genügend neue Arbeitsschnur freizusetzen.

Das Anhängen der Schnüre
Einige Makramee-Arbeiten, wie einfache Gürtel oder ein Halsschmuck, können ohne weiteres auf der Knüpfunterlage festgesteckt werden. Häufig sollen die Schnüre jedoch auf einen Träger angehängt werden. Ein solcher Träger kann ein Rundholzstab sein, eine Trägerschnur, eine Gürtelschnalle oder dergleichen. In den beiden nebenstehenden Abbildungen 5.2 und 5.3 sollen zwei einfache und attraktive Möglichkeiten, Schnüre an einen Träger zu hängen, vorgeführt werden.

Kapitel 6

Das Makramee-Design

6.1 Ein Makramee-Motiv: die Raute.

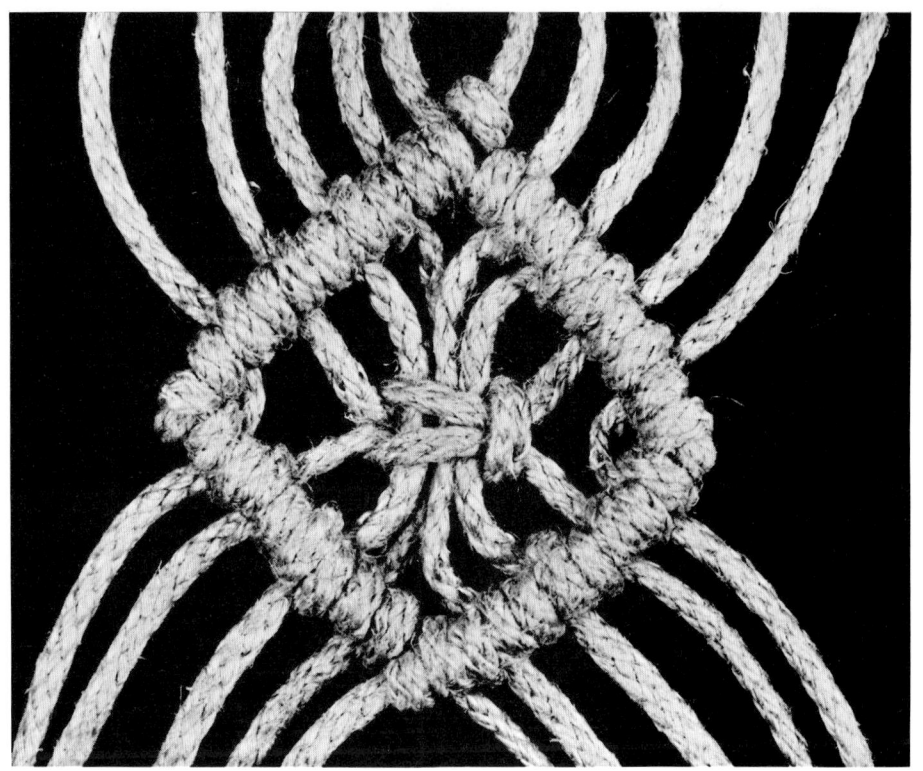

Im dritten und vierten Kapitel wurde gezeigt wie aus der Kombination der beiden Grundknoten, dem Doppelschlag und dem Kreuzknoten, einzelne Makramee-Motive — die Raute, das X, das Zick-Zack, das Blatt — entstehen. Das Gestalten mit diesen und ähnlichen Motiven, ihre kreative Anordnung zu einem Makramee-Design, ist ein entscheidender Schritt, der über die reine Knüpftechnik weit hinausgeht. Einige grundsätzliche Überlegungen, die man, auch wenn es nur um einen Gürtel geht, berücksichtigen muß, sollen hier erläutert werden.

Im allgemeinen kann man sagen, daß ein Muster entsteht, wenn ein Design-Motiv wiederholt wird. Dieses Prinzip kann

6.2 a

6.2 b

6.2a   Die Wiederholung eines Motivs in der Reihung.

6.2b   Beispiel (Foto): die Wiederholung des Rautenmotivs in der Reihung.

6.3 a   Die Wiederholung eines Motivs in der Schichtung.

Seite 61:
6.3 b   Beispiel (Foto): die Wiederholung des Rautenmotivs in der Schichtung.

6.3 a

auch auf Makramee angewandt werden. Wer ein Makramee-Muster gestalten will, muß zunächst einmal ein Einzelmotiv finden, das wie z. B. die Raute wiederholt werden kann, Abb. 6.1. Drei verschiedene Möglichkeiten, wie durch variierende Wiederholung eines solchen Motivs verschiedenartige Makramee-Muster entstehen, bieten sich an. Das Muster bestimmt sich dabei durch die Art des gewählten Wiederholungsschemas, der Designer spricht von der Wiederholung in der **Reihung, Schichtung** und **Staffelung.** Abb. 6.2 a; 6.3 a; 6.4 a
Eine Reihung entsteht beispielsweise, wenn man das Rautenmotiv mehrmals in vertikaler oder horizontaler Richtung hintereinander knüpft, Abb. 6.2 b. Mehrere horizontale Reihen eines Motivs ergeben eine Schichtung, Abb. 6.3 b. Eines der effektvollsten Muster in Makramee ist die Staffelung eines Motivs, Abb. 6.4 b. Bereits die Staffelung von Kreuzknoten (vgl. Abb. 3.6) ergibt ein reizvolles und beliebtes Muster, das sich vorzüglich für Taschen eignet. Selbstverständlich kann neben der Raute oder dem Kreuzknoten auch jedes andere Motiv

6.4 a Die Wiederholung eines Motivs in der Staffelung.

Seite 63:
6.4 b Beispiel (Foto): die Wiederholung des Rautenmotivs in der Staffelung.

6.4 a

wirkungsvoll in der Staffelung oder den anderen beiden Wiederholungstypen angeordnet werden.

Bei einiger Erfahrung in der Anwendung dieser Design Grundsätze können auch zwei oder mehrere Motive in diesen Wiederholungsformen kombiniert werden. Gerade wer an der kreativen Weiterentwicklung des Makramee interessiert ist und eigene originelle Muster entwerfen will, wird immer wieder überrascht sein, wie viele neue Muster durch dieses Prinzip der Wiederholung entstehen und wie leicht das Gesetz der Variation und Kombination zu neuen kreativen Makramee-Designs führt (vgl. Abb. 6.5).

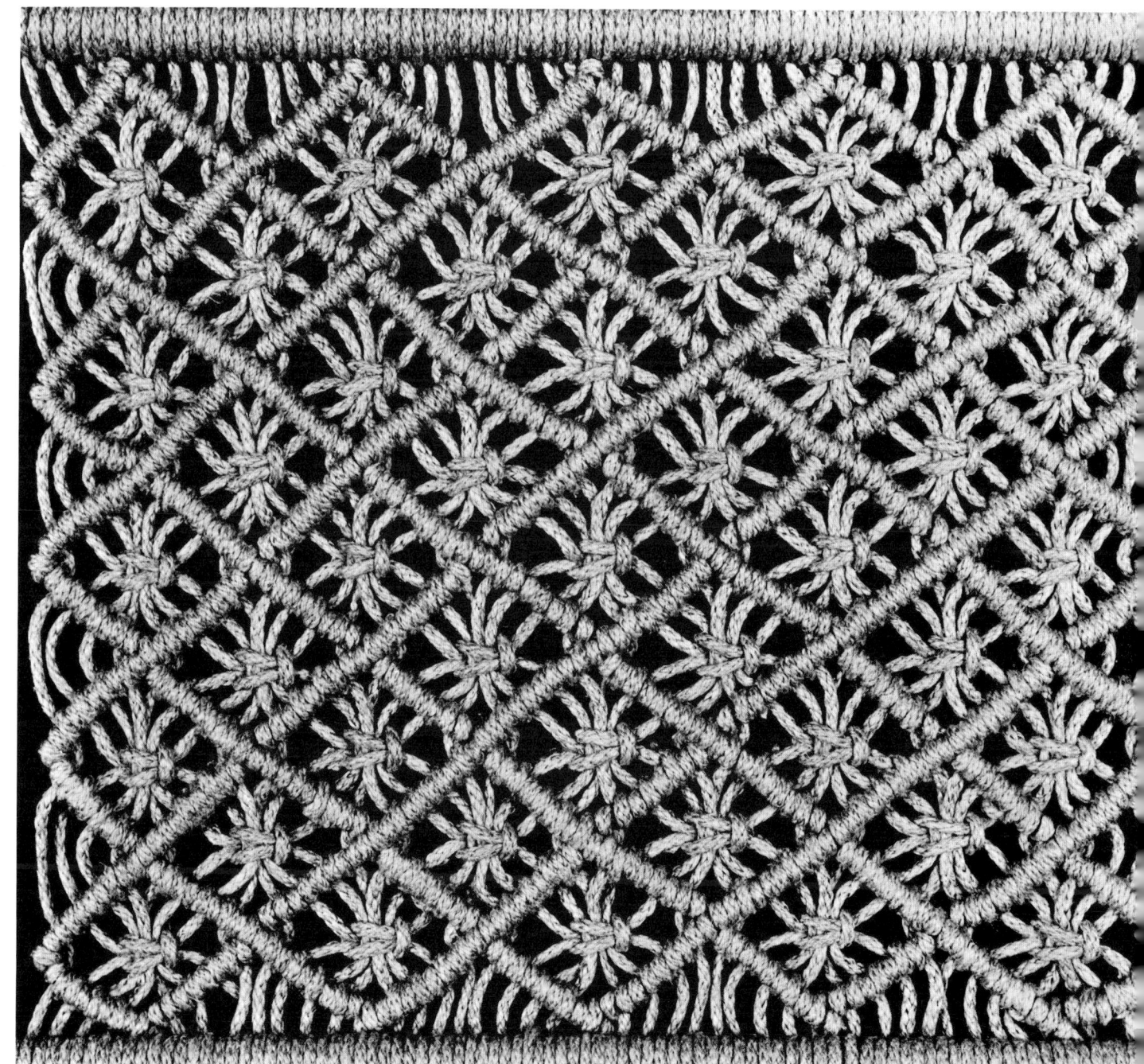

6.5 In diesem Wandschmuck kann man die Design-Prinzipien der Reihung und Staffelung gut erkennen. Im Hauptteil herrscht die horizontale Reihung verschiedener Motive, z. B. des Zick-Zack-Motivs, vor. Den Abschluß bildet die Staffelung von Knotenbeeren. Seinen besonderen Reiz erhält das Stück durch die abwechselnd geometrische und freie Linienführung. Von Cathy Frank.

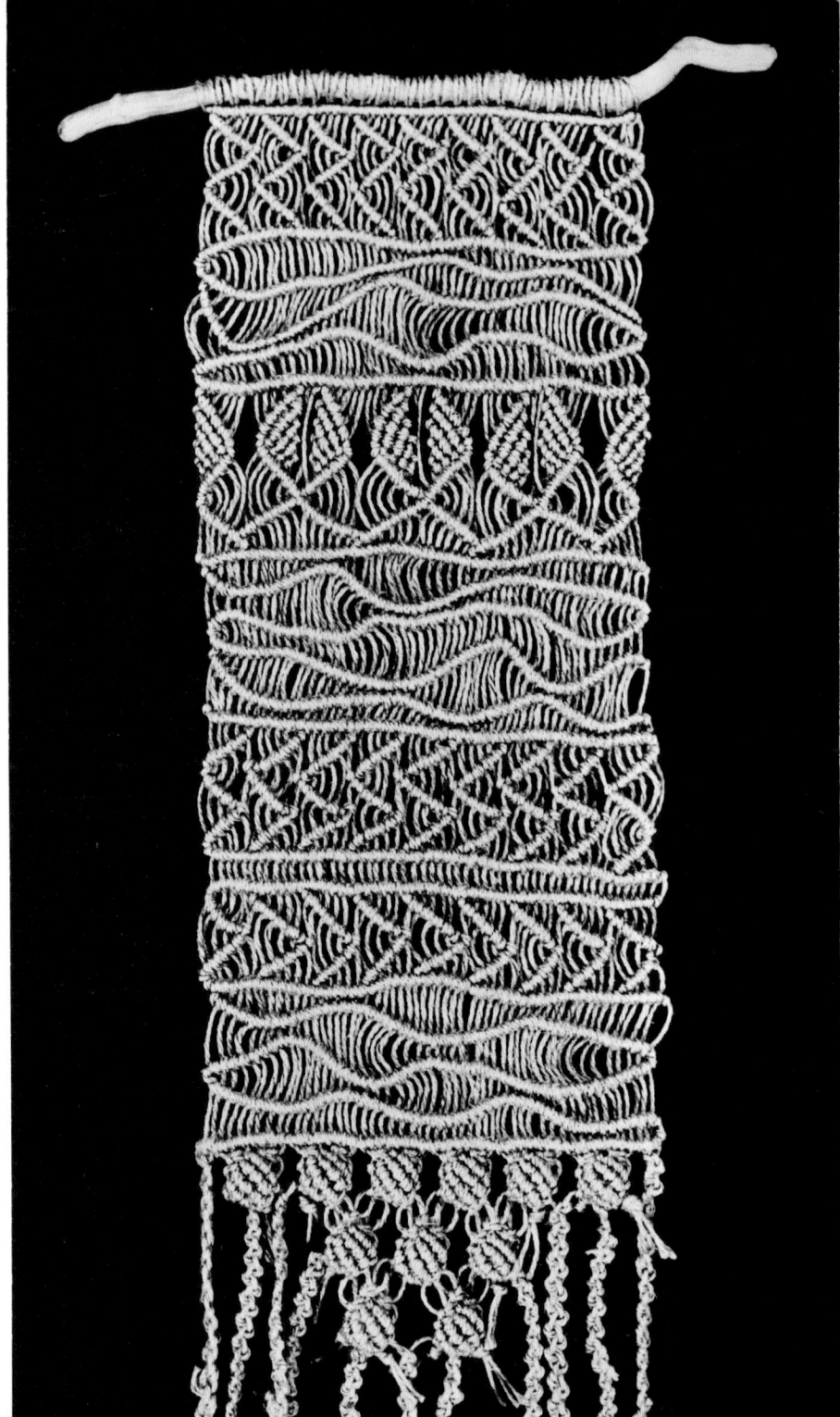

Kapitel 7

Accessoires

1. Gürtel

Zum Erlernen und Einüben der Makramee-Knüpftechnik ist nichts so gut geeignet wie ein Gürtel. Er nimmt verhältnismäßig wenig Zeit in Anspruch, macht Spaß, braucht wenig Schnurmaterial und wirkt immer hübsch, ganz gleich ob einfach oder kompliziert, mit oder ohne Perlen.

Man kann einen Gürtel nach zwei verschiedenen Methoden knüpfen. Bei der einfacheren Methode läßt man die Schnurenden frei hängen, um mit ihnen den Gürtel um die Taille zu binden. Die zweite besteht darin, den Gürtel an eine Schnalle zu knüpfen.

a) Gürtel mit freien Schnurenden

Gürtel dieser Art werden von der Gürtelmitte aus geknüpft. Die beiden in Abb. 7.1 gezeigten Gürtel bieten eine gute Gelegenheit, die beiden Makramee-Grundknoten, den Kreuzknoten und Doppelschlag, einzuüben. Der links gezeigte Gürtel besteht nur aus Kreuzknoten, während der andere ganz mit Doppelschlägen geknotet wurde.

Gürtel aus Kreuzknoten (Abb. 7.1 links)

Material: 12 Schnüre (geflochtene Baumwollschnur), 2 mm Durchmesser, 3 m lang.

Die Länge reicht aus für normale Kleidergrößen.

Arbeitsgang: Die 12 Schnüre werden auf halber Länge nebeneinander auf die Knüpfunterlage gesteckt. Das Muster setzt sich aus gestaffelten Kreuzknoten zusammen: 3 Kreuzknoten in der ersten Reihe, 2 in der zweiten Reihe, 3 in der dritten Reihe, 2 in der vierten Reihe und so fort (vgl. Abb. 3.5). Auf halbe passende Länge knüpfen. Abschluß: Die gestaffelten Kreuzknoten laufen spitz aus. Mit den beiden äußeren Schnüren wird ein großer Kreuzknoten über alle inneren Schnüre geknotet. Dann wird der Gürtel abgenommen und die andere Hälfte geknüpft. Zum Schluß werden die Schnurenden auf die

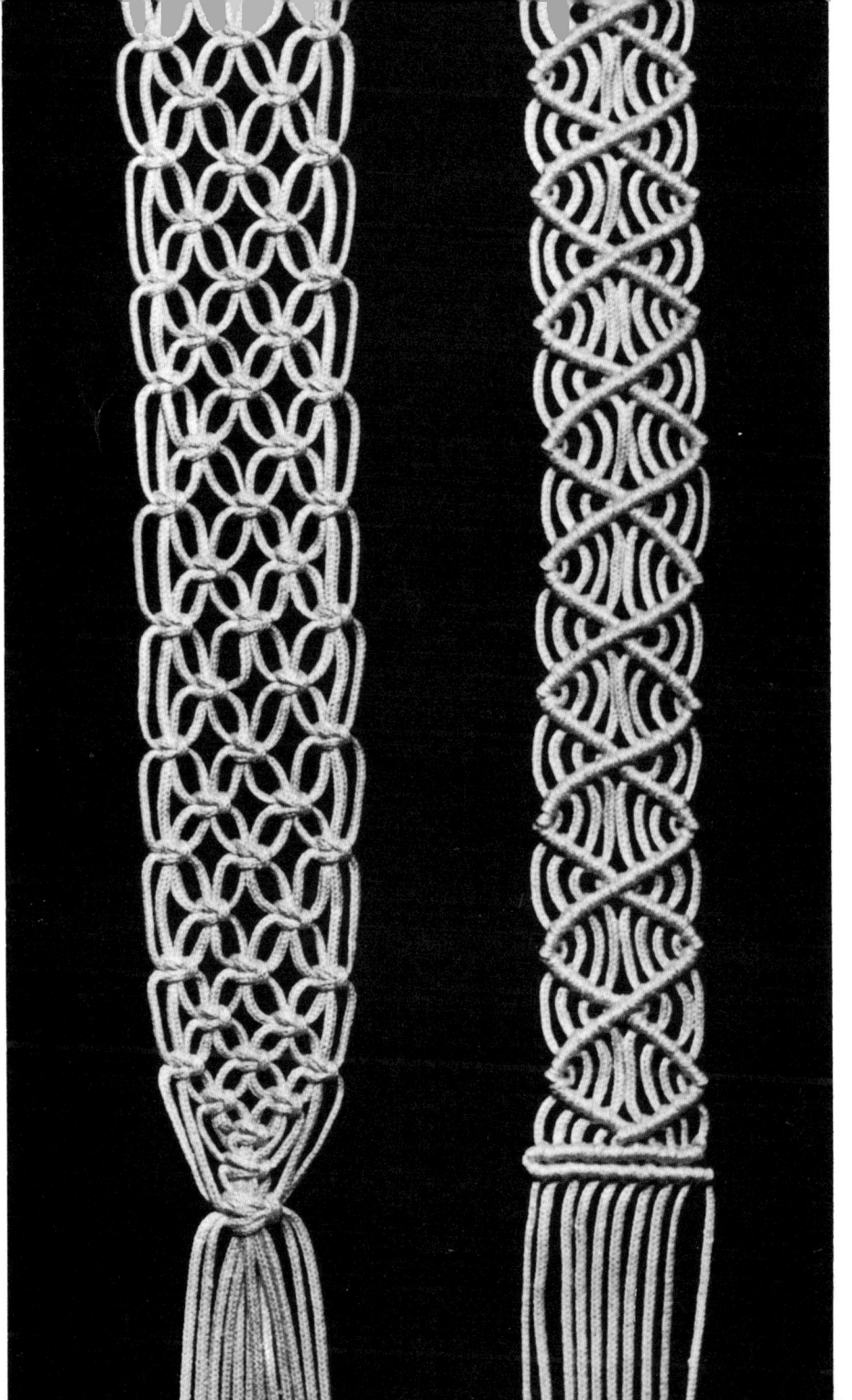

7.1 Gürtel mit freien Enden. Der linke Gürtel ist ganz aus Kreuzknoten geknüpft, der rechte besteht nur aus Doppelschlägen. Die Anleitung wird auf Seite 66 gegeben.

Seite 68:
7.2 Vier Gürtel, in denen das X- und Rautenmotiv variiert werden. Geknüpft von Terri Buchen aus weißer Baumwollschnur und mit Holzperlen besetzt.
Foto: Terri Buchen

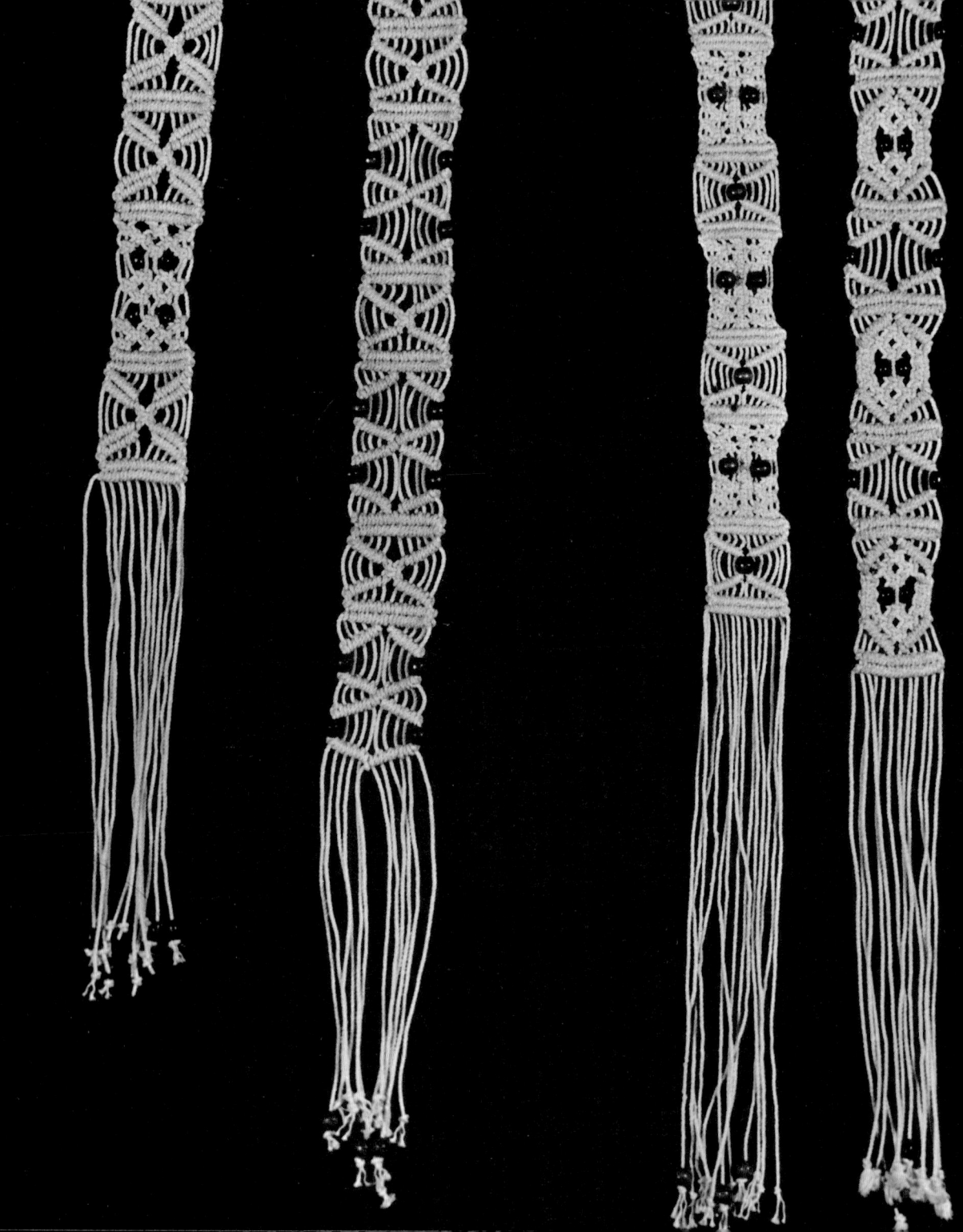

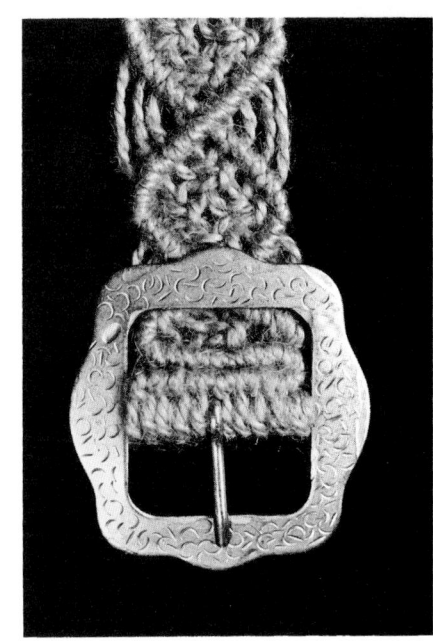

7.3

7.4

7.5

gewünschte Länge zugeschnitten (nicht zu kurz!) und nach Geschmack mit Perlen dekoriert.

Gürtel aus Doppelschlägen (Abb. 7.1 rechts)

Material: 10 Baumwollschnüre, 2 mm Durchmesser, je 3 m lang.

Arbeitsgang: Die 10 Schnüre auf halber Länge auf der Knüpf-unterlage feststecken. Aufeinanderfolgende Rauten bilden das Muster (vgl. Abb. 4.10). Wenn die halbe passende Länge erreicht ist, wird über eine der äußeren Schnüre eine waag-rechte Reihe von Doppelschlägen geknüpft. Gürtel abnehmen und die andere Hälfte fertigstellen. Schnurenden auf ge-wünschte Länge trimmen und mit Perlen nach Belieben deko-rieren.

7.3 Der Anfang eines Gürtels mit Schnalle wird vom freien Ende her begonnen. Man hängt die Arbeits-schnüre an eine Trägerschnur, die in Dreiecksform festgesteckt wird. Ist die gewünschte Länge erreicht, so wird das andere Ende an die Schnalle geknotet.

7.4 Der Abschluß eines Schnallen-gürtels von der Rückseite betrach-tet. Die Schnurenden werden mit Doppelschlägen an der Schnalle be-festigt, abgeschnitten, nach hinten umgeschlagen und vernäht oder verklebt.

7.5 Fertiges Ende eines Schnallen-gürtels.

7.6 Schnallengürtel von Dolly Curtis aus violetter Jute mit Glasperlen dekoriert.
Foto: Jack Curtis

Seite 71:
7.7 Makramee-Gürtel mit Enden aus Wildleder. Von Bonny Schmid-Burleson.

7.8 Deckteil und Rückteil des Lederverschlusses von Abb. 7.7.

7.9 Dunkelblauer Wildledergürtel mit aufgenähtem Makramee-Ornament aus türkisfarbigen und blauen Baumwollschnüren. Von Bonny Schmid-Burleson.

b) Gürtel mit Schnalle

Zu einem anspruchsvollen Gürtel paßt auch eine Schnalle gut. Im Gegensatz zur oben beschriebenen Methode wird hier der Gürtel von einem Ende zum anderen durchgeknüpft. Man beginnt nicht bei der Schnalle, sondern am anderen Ende. Ein spitzzulaufendes Ende erhält man, wenn man die in Abb. 7.3 gezeigte Möglichkeit wählt. Hat der Gürtel die passende Länge erreicht, werden die Schnurenden mit Doppelschlägen an der Schnalle befestigt. Die überstehenden Schnurenden werden knapp abgeschnitten und mit der nicht sichtbaren Seite verklebt bzw. vernäht. Hier stört die dadurch entstehende Verdickung weniger als am freien Ende des Gürtels, Abb. 7.4.

c) Makramee mit Leder

Attraktive und ungewöhnliche Gürtel lassen sich durch Kombination von Makramee mit Leder herstellen. Der Gürtel in Abb. 7.7 ist ein anschauliches Beispiel dafür. Ein Gürtel dieser Art wird von der Mitte aus zu den Enden gearbeitet, die freien Schnurenden werden dann auf etwa 5 cm getrimmt und zwischen je zwei Lederteile nach Art eines Sandwich gelegt. Beim Verbinden von Schnur und Leder geht man am besten so vor, daß man die Schnüre erst auf das nicht sichtbare Lederteil aufnäht und dann mit dem sichtbaren Lederteil verklebt. Im letzten Arbeitsgang kann man vom Schuster Lederösen durchnieten lassen, durch die Lederriemen gezogen werden, so daß man den Gürtel um die Hüfte schnüren kann.
Man kann die Schnur aber auch direkt in dekorativer Anordnung auf das Leder nähen. Die Schnur sollte sich zu diesem Zweck plattdrücken lassen oder überhaupt schon flach sein, wie es bei Baumwollbändern der Fall ist. Die dekorative Wirkung der Makramee-Knoten kommt hier besonders zur Geltung. Abb. 7.9

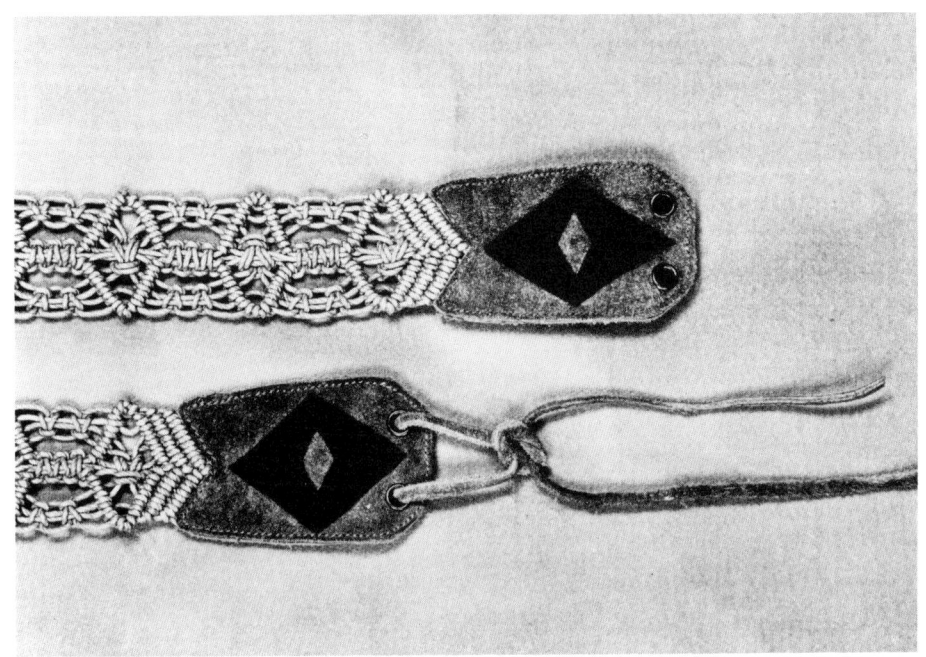

7.7

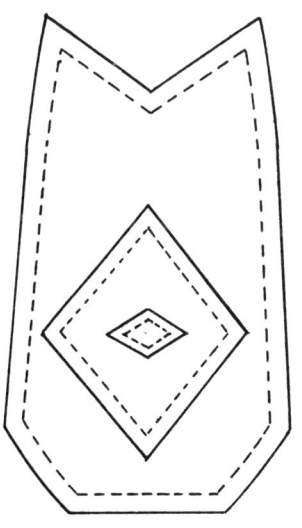

7.8

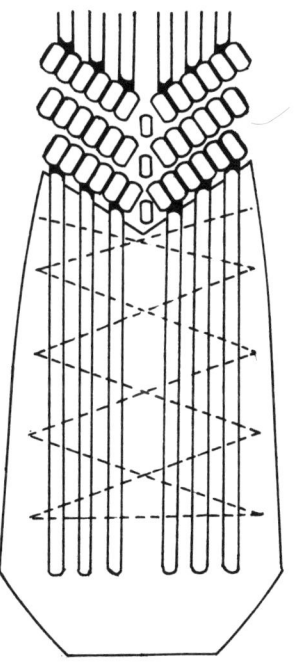

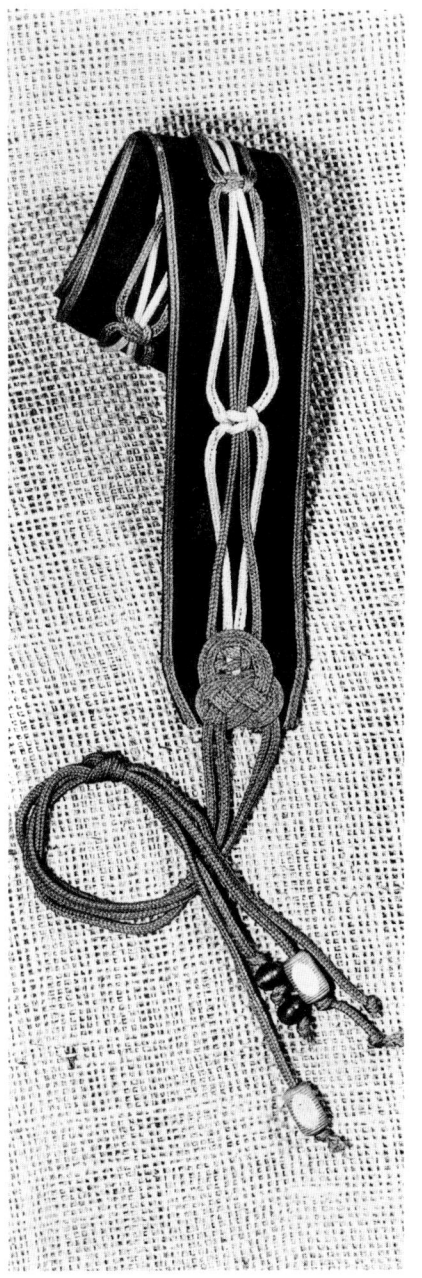

7.9

Seite 73:
7.10 Zweiteilige Tasche, die an den Längsseiten und der unteren Seite vernäht wurde. Aus Naturleinen und orangefarbigen Holzperlen, von Cathy Frank. (Vgl. Taschendetail in Abb. 3.10.)

2. Taschen

Bei Taschen ist die Zahl kreativer Musterkombinationen fast unerschöpflich und hängt nur vom Einfallsreichtum des Einzelnen ab. Die in Kapitel 3 und 4 vorgeführten Grundmuster — die Raute, das Blatt, das X — und ihre Kombinations- und Wiederholungsmöglichkeiten (vgl. Kapitel 6) können hier vortrefflich angewandt werden.

Eines der beliebtesten Grundmuster für Taschen ist der gestaffelte Kreuzknoten. Das Muster fällt im allgemeinen weitmaschig aus und eignet sich daher gut für gefütterte Taschen, besonders wenn Schnurfarbe und Futterstoff sich gut voneinander abheben.

Makramee-Taschen können in verschiedene Grundtypen eingeteilt werden. Man spricht von zweiteiligen, einteiligen und kreisrund geknüpften Taschen.

Zweiteilige Taschen müssen an den Seiten und am Taschenboden zusammengenäht werden. Die überstehenden Schnüre können entweder ins Tascheninnere verlegt und kurz abgeschnitten werden, so daß sie unsichtbar sind, sie können aber auch als hübsche mit Perlen dekorierte Fransen der Tasche jugendlichen Schwung verleihen. Abb. 7.10

Ein anderer Arbeitsgang ergibt sich, wenn man die Tasche aus einem langen Stück knüpft, wobei das Rückteil sich spiegelbildlich an das Vorderteil anschließt, Abb. 7.11. Die für die Tasche benötigten Schnüre werden alle auf einmal auf eine Trägerschnur gehängt. Besonders Taschen mit Verschlußklappe lassen sich nach dieser Methode anfertigen, Abb. 7.12. Das fertige Stück wird zusammengelegt und an den Seiten vernäht. Die Fransen ergeben sich an der Klappe und nicht am Taschenboden.

Der dritte Taschentyp wird rundherum wie ein Schlauch geknüpft, so daß nur noch der Taschenboden zugenäht werden muß. Man hängt die Arbeitsschnüre an einen Schnurkreis und dreht die Tasche beim Knüpfen rund herum. Das Knüpfen er-

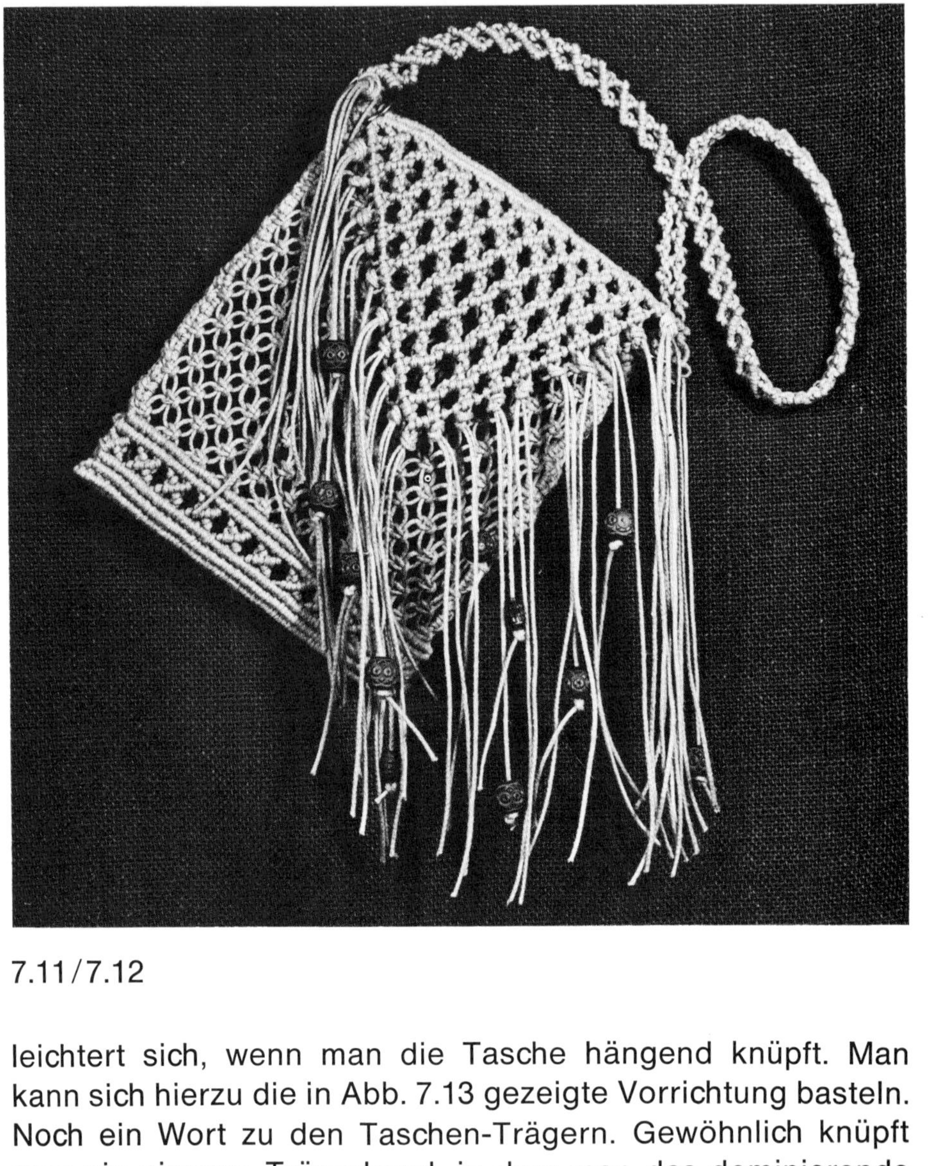

7.11 / 7.12

leichtert sich, wenn man die Tasche hängend knüpft. Man kann sich hierzu die in Abb. 7.13 gezeigte Vorrichtung basteln. Noch ein Wort zu den Taschen-Trägern. Gewöhnlich knüpft man ein eigenes Trägerband, in dem man das dominierende Motiv der Tasche wiederholen kann. Die Verbindung mit der Tasche erfolgt durch Vernähen, Verknüpfen oder über einen Metallring. Der Ring wird durch die Tasche gezogen, und der Träger mit doppelten Schlägen angeknotet. Für Fortgeschrit-

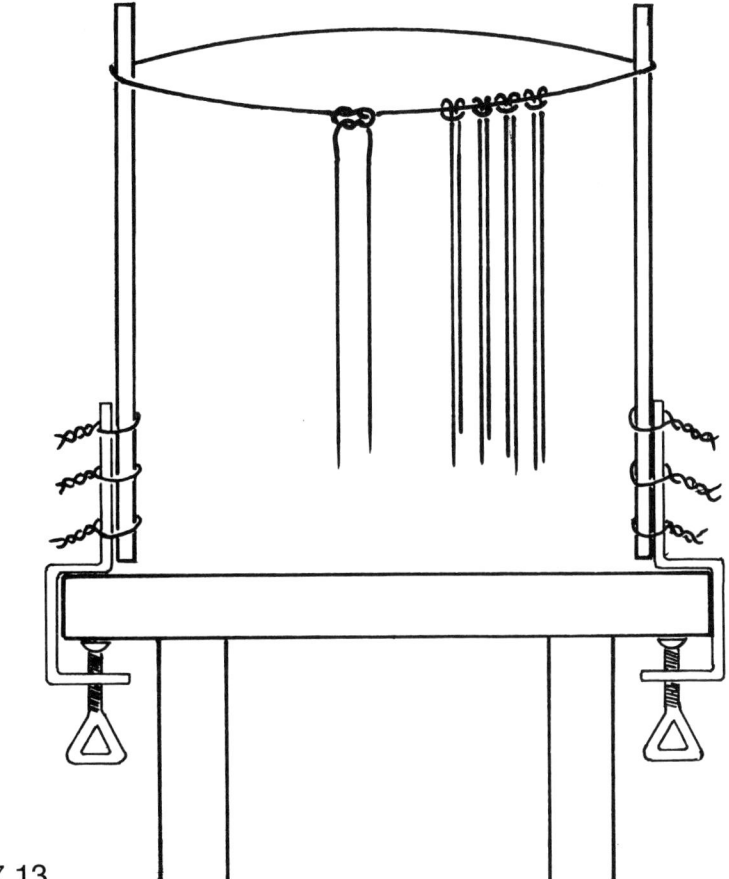

7.13

Seite 74:

7.11 Einteilige Tasche in Bearbeitung, vor dem Zusammenlegen und Vernähen der Längsseiten.

7.12 Fertige Tasche aus Abb. 7.11. Das Muster der Tasche besteht aus gestaffelten Kreuzknoten im Taschenteil und dem X-Motiv in der Verschlußklappe. Das Trägerband bringt das X-Motiv wieder. Von Bonny Schmid-Burleson.

7.13 Aufhängung für eine einteilige, kreisrunde Tasche. Der Trägerschnurkreis im Umfang der Tasche wird zwischen zwei senkrechte Halterungen gespannt und die Arbeitsschnüre angehängt. Der offene Taschenboden kann zugenäht oder verknotet werden, wobei Fransen entstehen können.

tene bietet sich auch die Möglichkeit, den Träger direkt in die Tasche mit einzuarbeiten. In diesem Fall wird man mit dem Träger beginnen und für die Tasche dann weitere Schnüre hinzunehmen.

75

7.14 Makramee-Tasche aus Jute an Holzbügeln von Dolly Curtis.
Foto: Jack Curtis

Seite 77:
7.15 Kleine Taschen mit ungewöhnlichen und attraktiven Mustern aus Baumwollschnur und Jute geknüpft von Mary Erler.
Foto: Alan Pogue

Natürlich lassen sich Makramee-Taschen auch gut mit Bambusringen oder Taschenbügeln verbinden, wie sie in Handarbeitsgeschäften vorhanden sind. Hier empfiehlt sich die zweiteilige oder die nahtlose Technik, Abb. 7.14.
Eine denkbare Alternative bieten auch Taschen, die nur einen Makramee-Besatz aufweisen. Die Tasche selbst ist aus Stoff

7.15

7.16 Häkeln und Makramee wurden in diesem lustigen Beutel vereinigt. Geknüpft und gehäkelt von Dolly Curtis. Wolle, Baumwollschnur und Jute in verschiedenen Grüntönen.
Foto: Jack Curtis

7.17 Moosgrüne Wildledertasche, abgesäumt durch weinroten Wildlederstreifen. Das Makramee-Muster wurde aus weinrot gefärbter Hanfschnur geknüpft. Von Bonny Schmid-Burleson.

7.17

oder noch hübscher aus Leder, auf das dann ein Makramee-Muster angeknüpft wird, Abb. 7.17. Die Schnüre werden durch vorgestanzte Löcher gezogen, das Muster endet in lustigen Fransen. In kürzester Zeit entsteht auf diese Weise eine originelle Modetasche, an die sich auch ein Anfänger wagen kann.

Kapitel 8

Makramee-Schmuck

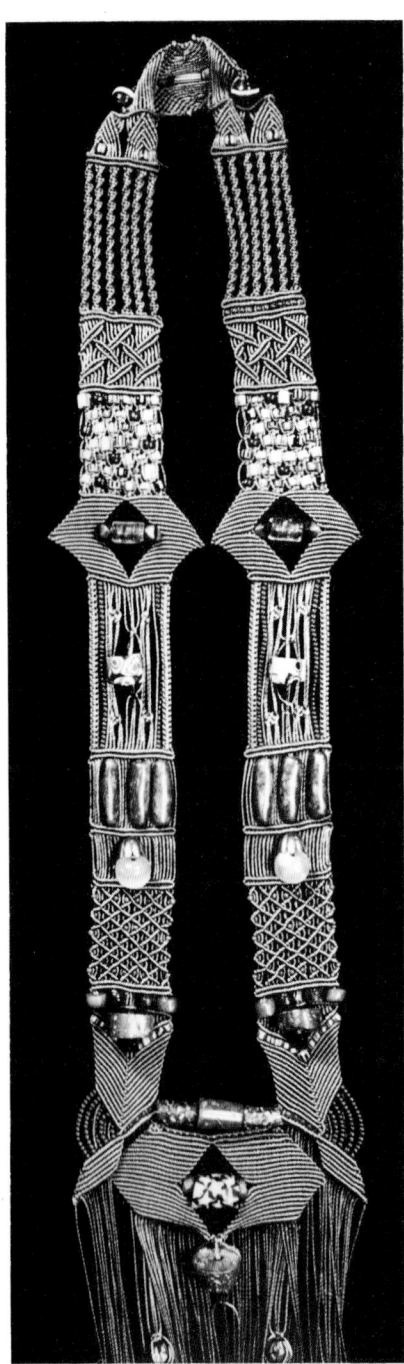

Wegen seines ornamentalen und dekorativen Charakters läßt sich Makramee besonders gut zu Modeschmuck arbeiten. Alle diejenigen, die ihrem Schmuck eine persönliche und originelle Note geben wollen, werden in der Makramee-Knüpftechnik einen leichten und dabei doch sehr kreativen Weg dazu finden.

Halsschmuck

Halsschmuck läßt sich in vielen hübschen und reizvollen Varianten herstellen. Von dem zarten, feinen Modell in Abb. 8.11 bis zu dem größeren und schwereren Stück in Abb. 8.9 sind je nach Schnurtyp, Geschmack und Musterentwurf viele ausgefallene Möglichkeiten gegeben. Objekte aus der Natur bereichern ein Stück zusätzlich durch die Farbwirkung von Federn, die Oberflächenstruktur von Steinen, Abb. 4.7, und Muscheln oder die Seltenheit eines Fossils. Die bunte Vielfalt der Holz- und Glasperlen bringt Abwechslung und Spaß in die Makramee-Knüpferei. Auch an Großmutters alte Schmuckschatulle, in der sicher viele interessante Perlen von Halsketten zu finden sind, sollte man denken. Abb. 8.1
Bei Halsschmuck unterscheidet man am besten zwei Haupttypen, den offenen Halsschmuck, den man hinten am Nacken befestigt, und den geschlossenen, der über den Kopf gestreift wird.

Der offene Halsschmuck

Mehrere Möglichkeiten bieten sich beim offenen Halsschmuck an. Die naheliegendste ist, das Vorderteil auf eine lange Trägerschnur oder mehrere Trägerschnüre zu knüpfen, die dann um den Hals geführt und im Nacken verknotet werden. Natürlich kann man auch die Trägerschnüre noch zu einem hübschen Muster knüpfen, wie Abb. 8.6 zeigt. Als Träger eignet sich auch eine Silberspange, die in Hobbygeschäften leicht zu bekommen ist. Weitere Verschlußmöglichkeiten in Abb. 8.3.

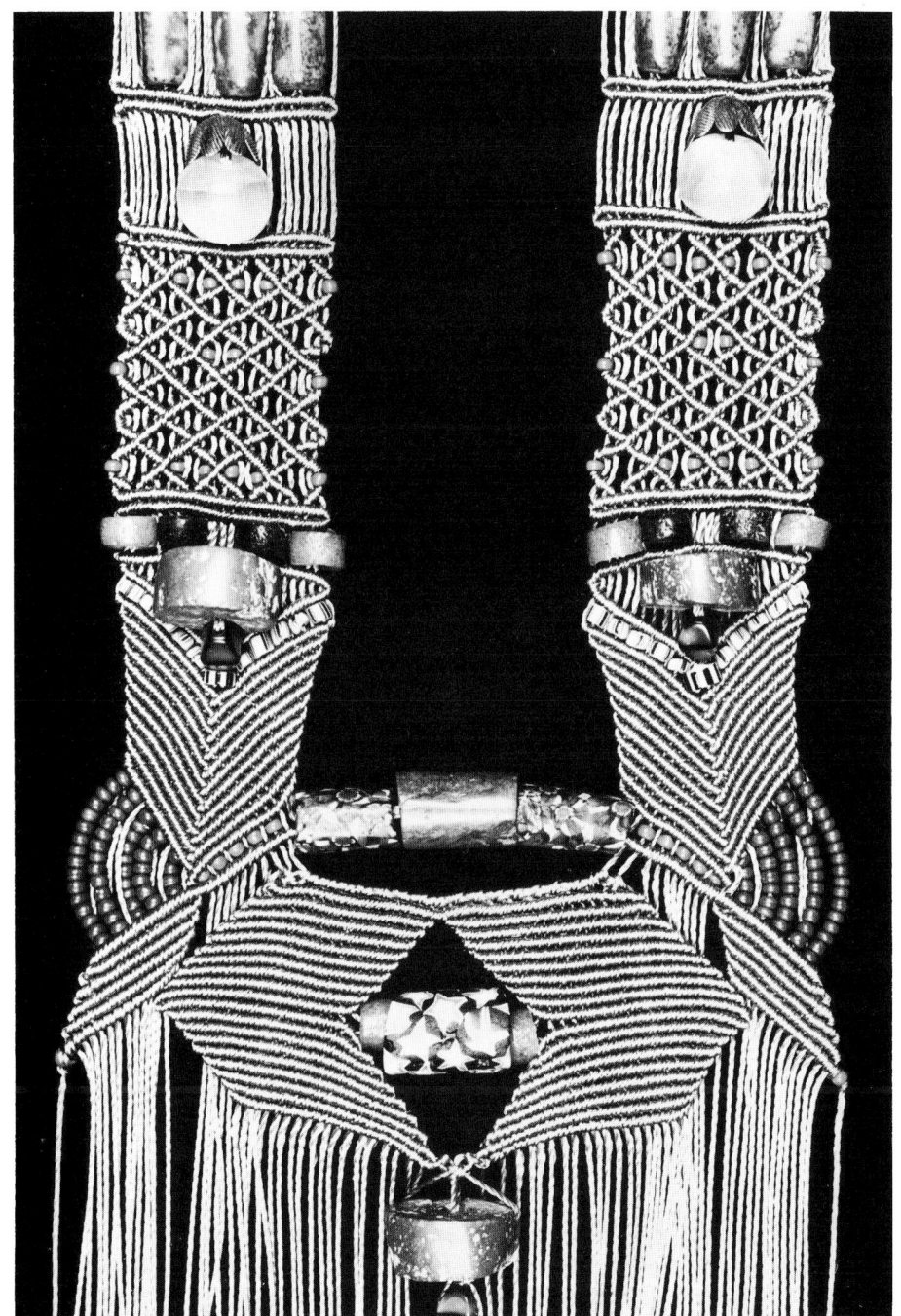

Seite 80:
8.1 Langer, reich dekorierter und geschlossener Halsschmuck aus sehr feiner stahlgrüner Nylonschnur, besetzt mit antiken Steinen und Glasperlen. Das Stück wurde vom Nackenteil aus geknüpft. Von Jean Battles.

8.2 Detail von 8.1, das die hohe Sorgfalt und Genauigkeit der Künstlerin erkennen läßt. Gesamtbreite des Halsschmucks beträgt nur 10 cm.

8.2

8.3 Verschiedene Methoden, Hals-schmuck mit Verschluß zu knüpfen: die Halsspange, der einfache Schnappverschluß und der Verschluß durch Perle und Schlaufe.

Seite 83:
8.4 Halbknoten und Kreuzknoten bilden das Halsband, Doppelschlä-ge das Hauptteil dieses aparten Halsschmucks, der besonders durch die symmetrische Linienführung der Doppelschlagreihen auffällt. Er wird mit Schlaufe und dickem Kugelkno-ten am Nacken befestigt. Von Barbara Wittenberg.

8.5 Detail von 8.4, läßt die drei ein-geschlossenen, gewebten Rauten erkennen.

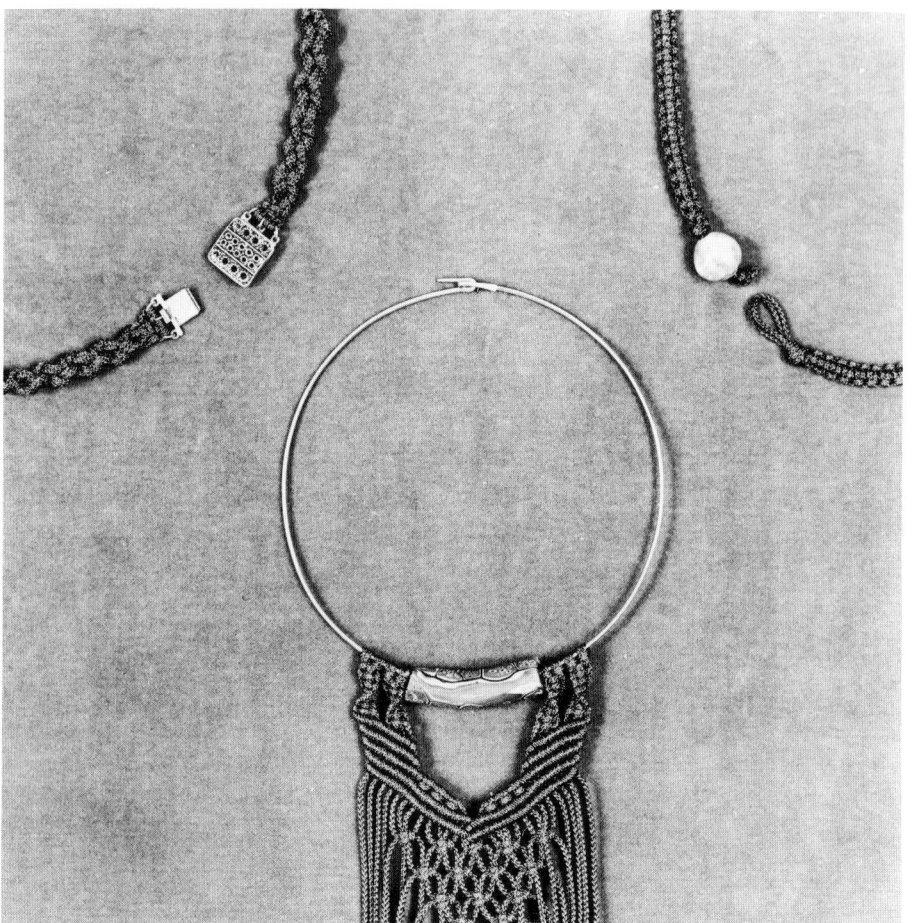

8.3

Der geschlossene Halsschmuck
Hier werden die Schnüre auf halber Länge nebeneinander festgesteckt, da man zuerst eine Hälfte des Trägers, vom Nak-ken her beginnend, knüpft. Wenn die andere Hälfte des Trä-gers fertig ist, knüpft man das Vorderteil, wobei noch weitere Schnüre mit eingearbeitet werden können. Abb. 8.1

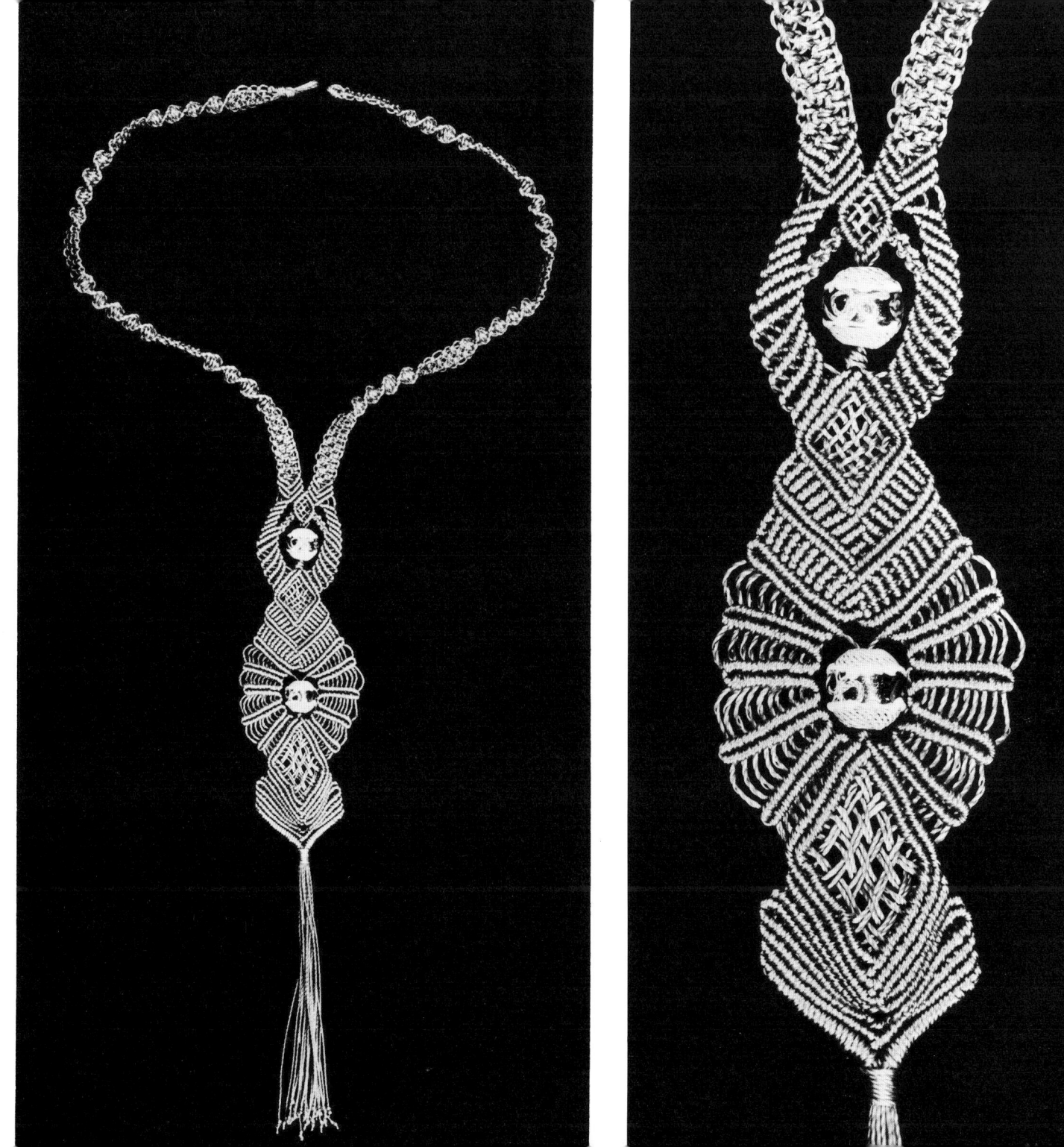

8.6 Makramee-Collier aus feiner weißer Nylonschnur mit reich verziertem Muster, von Joan Michaels Paque. Anfang und Ende sind Geheimnis der Künstlerin!
Foto: Henry Paque

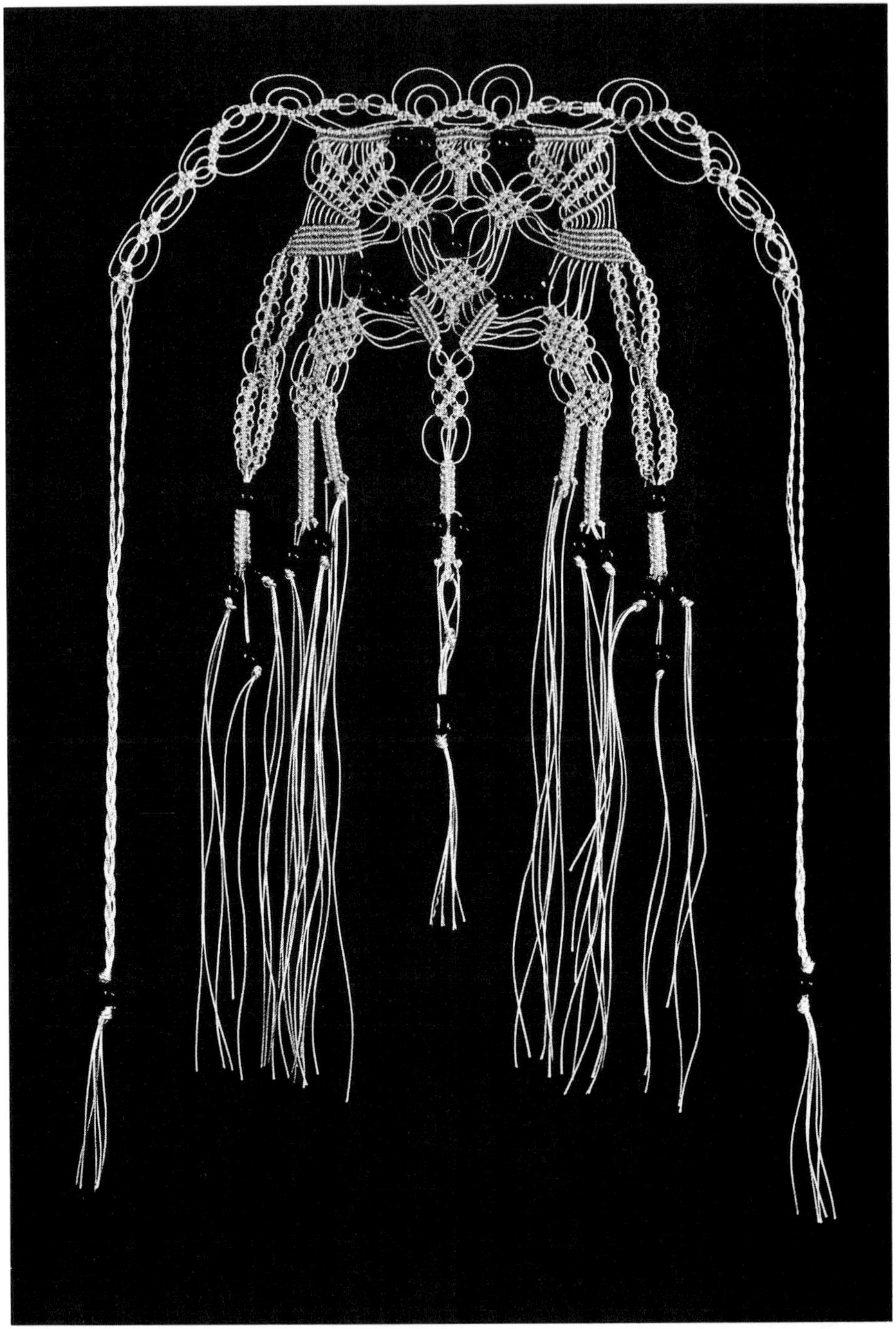

8.7 Das zarte Ornament des Halsbands und die freie Kombination von gestaffelten Kreuzknoten mit Doppelschlagreihen geben diesem Halsschmuck von Cathy Frank ein zierliches Aussehen.

8.8 Kreuzknotenbänder bestimmen das Muster dieses Halsschmucks aus grüner Baumwollschnur. Von Mary Kalkhoven.
Foto: Bruce L. Kalkhoven

8.9 Halsschmuck mit Seemuschel aus hellblauer Baumwollkordel, von Dorris Akers.

8.10 Selbst aus einfacher, brauner Paketschnur läßt sich ein attraktiver Halsschmuck knüpfen, wie dieses Beispiel von Laurie A. Flynn zeigt. Foto: Laurie A. Flynn

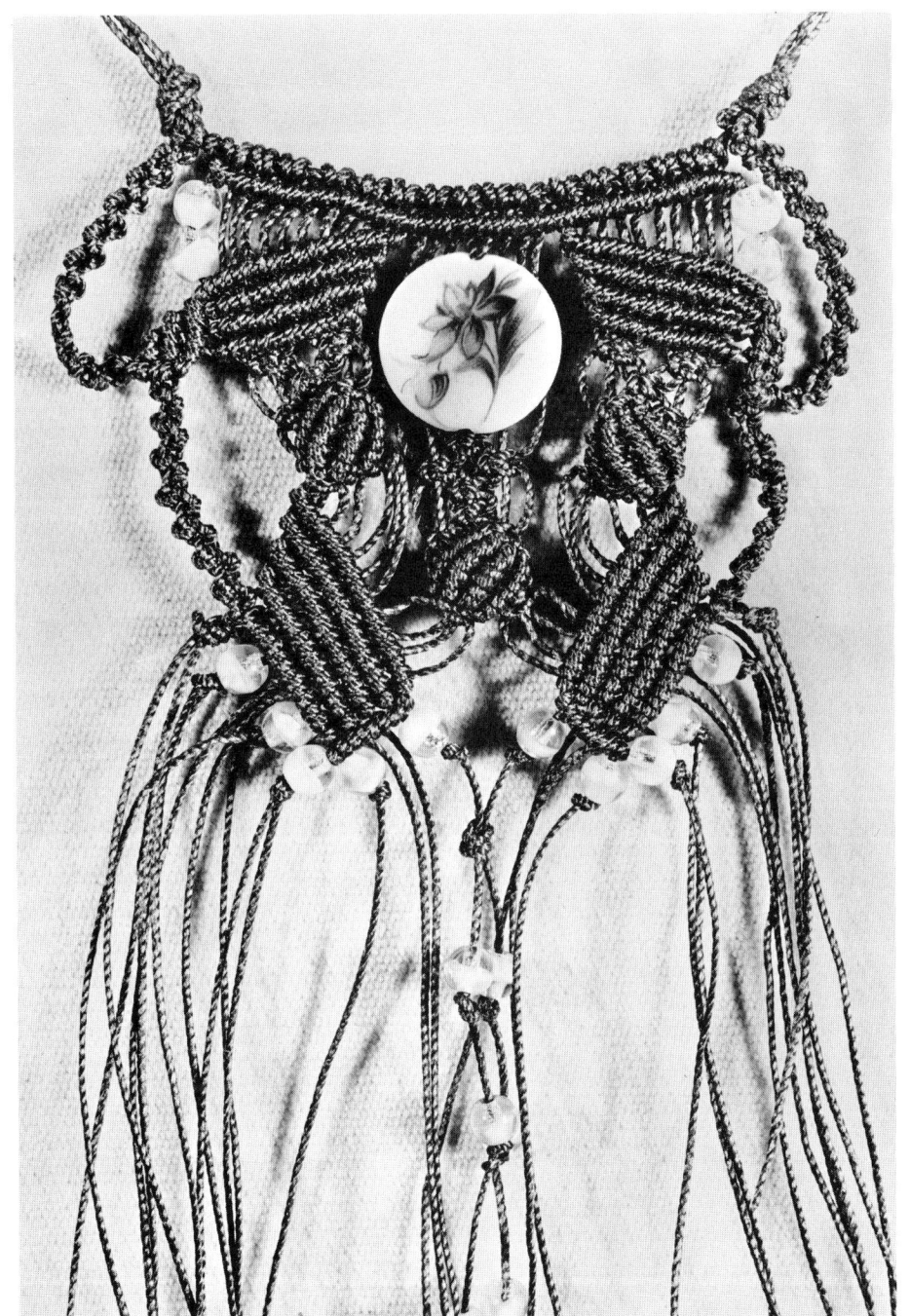

8.11 Dieser offene Halsschmuck gewinnt seinen besonderen Reiz durch die Verwendung der Glasperlen und des bemalten Porzellanmedaillons in Verbindung mit der feinen blauen Nylonschnur. Das Muster entstand durch geschickte Raumverteilung zweier Motive, den Doppelschlagreihen und der Kugelbeere. Halbschlagketten rahmen das Stück ein. Von Cathy Frank.

8.12 Halsbänder aus brauner Nylonschnur, die von der Mitte nach
außen geknüpft werden. Von Cathy
Frank.

Halsbänder

Auch Halsbänder, die am Nacken verknotet werden, knüpft
man von der Mitte aus, ähnlich wie einen Gürtel. Die Schnüre
werden auf halber Länge festgesteckt, die freien Enden sollten etwa 20 cm lang sein, um leicht verknotet werden zu können. Die Schnurenden werden abgeknotet, um das Aufdröseln
zu verhindern, und gegebenenfalls mit Perlen dekoriert. Abb.
8.12

Kapitel 9

Makramee für die Wohnung

9.1 Blumentopfhalter aus drei Kreuzknotenbändern, die unter dem Blumentopf zusammengeknotet wurden. Der Naturton des Leinengarns bildet einen reizvollen Kontrast zur Pflanze. Rosa Holzperlen setzen farbige Akzente.

Ein dankbares Anwendungsgebiet für Makramee sind Knüpfereien zur Verschönerung der Wohnung. Tischläufer, Blumentopfhalter für hängende Pflanzen, überzogene Flaschen und Gläser oder ein Windspiel sind nur einige der zahlreichen Möglichkeiten, die in der Wohnung einen dekorativen Akzent setzen können.

Da derartige Makramee-Stücke häufig benützt werden, muß man darauf achten, daß die Schnur waschbar und strapazierfähig ist. Ein Gedeck-Set darf beispielsweise beim Waschen nicht die Form verlieren. Für Makramee dieser Art empfiehlt sich daher eine Baumwollschnur als Arbeitsmaterial, die sich leicht waschen läßt und wenig abnützt. Um ganz sicher zu gehen, sollte man ein kleines Teststück knüpfen, an dem sich das Verhalten der Schnur beim Waschen überprüfen läßt. Dies gilt besonders auch für farbige Schnüre.

9.2 Dekorative Türglocke aus beigem Bast mit roten und schwarzen Holzperlen von Virginia France. Ein kleiner Eisenring bildet den Anfang. Foto: Virginia France

9.3 Makramee bietet viele interessante Möglichkeiten, Fasern mit Keramik in Verbindung zu bringen, wie diese Keramikglocke mit handgefertigten Keramikperlen zeigt. Die Aufhängung, in der das Spiralenmotiv zur Geltung kommt, wurde aus gedrehtem Naturhanf geknüpft. Makramee und Keramik von Marianne Rodwell.
Fotografiert im Cardinal Stritch College, Milwaukee, Wis., USA.

Seite 93:
9.4 Zum Lesen und Faulenzen lädt dieser Hängesitz aus Naturhanf und Jute ein, der geknüpft und gewebt wurde. Leselampe und Kissen erhöhen den Komfort. Belastbar bis 350 Pfund. Konstruiert und geknüpft von Ellen Zagoras, einer Studentin von Marianne Rodwell.
Fotografiert im Cardinal Stritch College, Milwaukee, Wis., USA.

9.5 Windspiel aus Baumwollschnur
über zwei Bambusstäbe geknüpft.
Die Glasplättchen bekommt man in
Hobbygeschäften in vielen Farben.

Kapitel 10

Wandbehänge

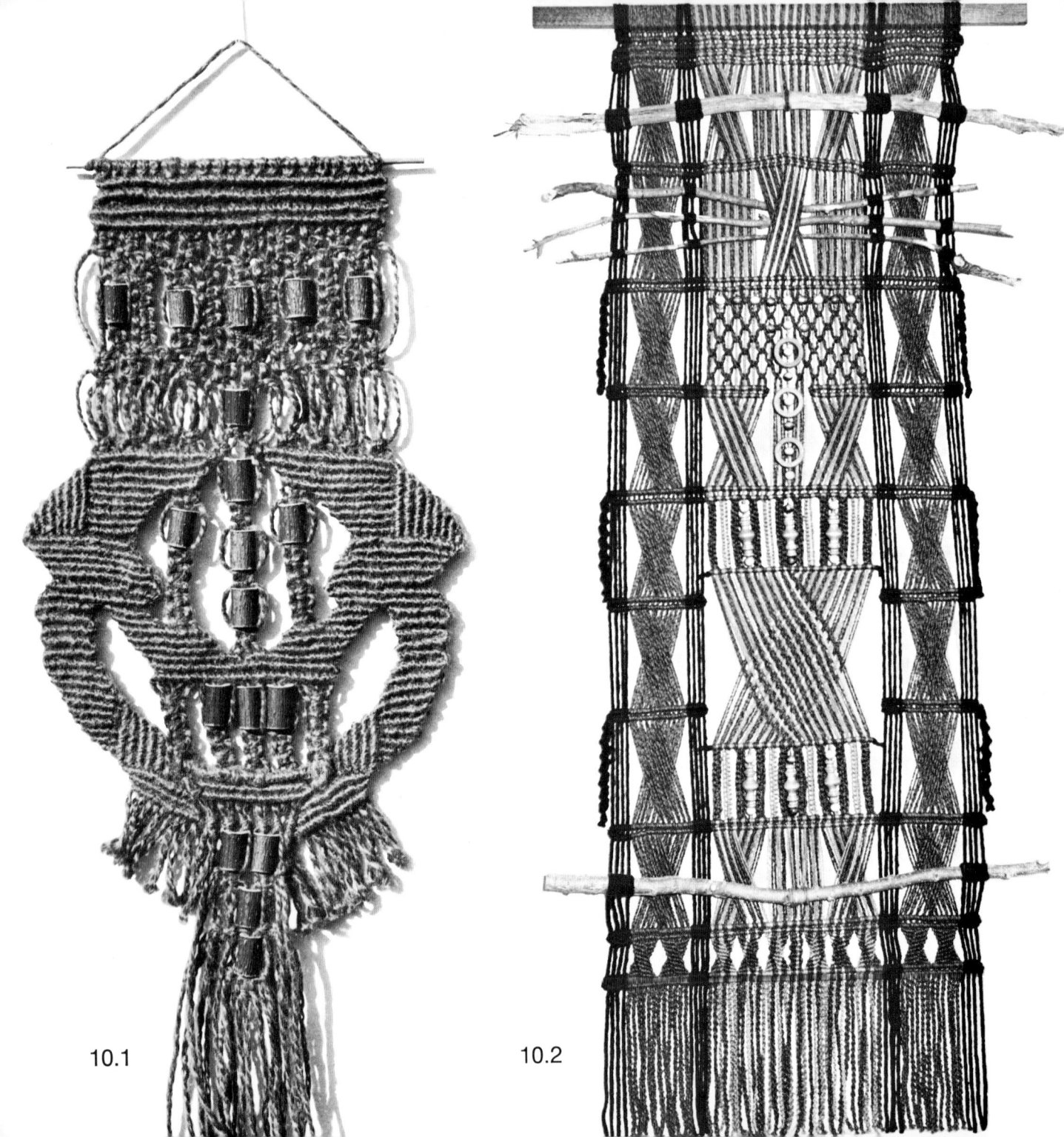

10.1

10.2

Als Wandbehang kann man eigentlich alle flächig geknüpften Strukturen von meist größeren Dimensionen bezeichnen. Er läßt sich was Material und dekorative Funktion angeht am ehesten mit dem Wandteppich vergleichen, muß aber nicht nur Wände schmücken, sondern kann auch vor Glasfenster gehängt werden, wodurch sich je nach Knüpfart ein wirkungsvoller Silhouetteneffekt ergibt. Sofern es das Material erlaubt, also witterungsbeständig ist, kann ein Makramee-Behang auch eine Veranda, Terrasse oder Gartenmauer verschönern.

Gerade der Wandbehang erlaubt freies Experimentieren mit Form und Materialien, Bekanntes mit Neuem zu verbinden, mit Farben zu gestalten, kurz, kreativ im besten Sinn des Wortes zu sein. Dabei müssen Makramee-Wandbehänge nicht immer aufwendig und langweilig sein. Nicht selten erreicht man eine starke Wirkung durch ein ganz einfaches, klares Muster, wie Abb. 10.1 zeigt.

Zu Beginn wird man sich für den Wandbehang einen geeigneten Träger suchen, auf den die Schnüre angehängt werden können. Eine Holzleiste, ein Rundholzstab, Treibholz, Zweige lassen sich leicht beschaffen und geben dem Stück oft einen wirkungsvollen Anfang. In Abb. 10.5 unterstreicht die Form des Treibholzträgers den Charakter des Stücks.

Die zweite Überlegung gilt der Wahl der geeigneten Schnur. Nur sehr kleine Wandbehänge wird man mit einer feinen, dünnen Schnur knüpfen, da, einmal abgesehen vom großen Zeitaufwand, ein sehr fein geknüpftes Muster bei größeren Stükken kaum mehr zur Geltung kommt. Im allgemeinen sollte der Schnurquerschnitt etwa proportional zur Größe des geplanten Objekts sein. Zu den Schnurqualitäten, die sich vorzüglich für Wandbehänge eignen und in mittleren bis großen (2 mm bis 8 mm) Querschnitten hergestellt werden, gehören:

geflochtene Hanfschnüre, gedrehte Hanfschnüre, gedrehte Baumwollschnüre (sie können auch leicht eingefärbt werden), Jute, Sisal, Teppichwolle (in vielen Farben).

Seite 96:

10.1 Kleiner Wandbehang aus brauner Jute auf einer Messingstange. Versetzte vertikale und horizontale Doppelschläge geben dem Stück die geometrische Form. Die Holzperlen sind aus wilden Holunderzweigen. Von Mary Kalkhoven. Foto: Bruce L. Kalkhoven

10.2 „Tempel der Ruhe" von Helen Barbarek.
Die ausgewogene Verteilung der Makramee-Motive verleiht diesem 2,20 m hohen Wandbehang Ruhe und Ausgeglichenheit. Als Material wurden Teppichwolle, Zweige und Holzperlen verwendet.
Foto: Louis Barbarek

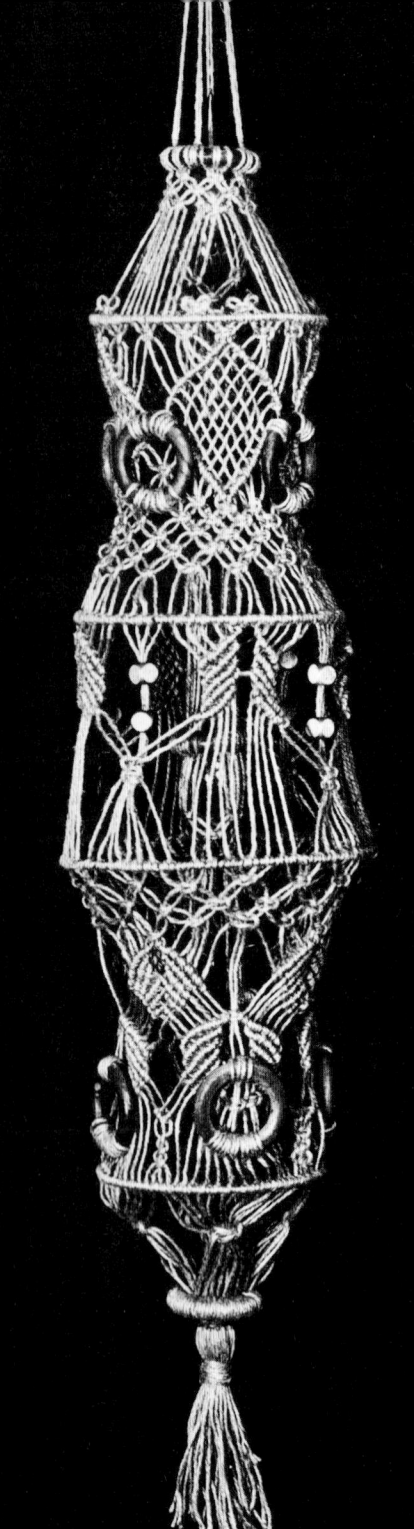

Auch ungewöhnliche Materialien, die für praktische Objekte ungeeignet sind, können im Wandbehang Verwendung finden, wie beispielsweise Leinen Bouclé, Rohseide, handgesponnene Wolle, da hier neben dem Knüpfen keine weitere Belastung durch Gebrauch entsteht. Abb. 10.11

Wandbehänge eröffnen weitere kreative Möglichkeiten durch die Verwendung verschiedener Faserqualitäten innerhalb des gleichen Wandbehangs. So könnte man beispielsweise die glänzende, glatte Nylonschnur mit rauhfaseriger Jute in einem Wandbehang kontrastieren. In Abb. 10.9 gelang es der Künstlerin, die kräftigen, rauhen Jutefasern mit der feinen, polierten Oberfläche der hellen Baumwollschnur zu vereinigen, um den Hell-Dunkel-Kontrast und den Gegensatz der offenen und geschlossenen Form auf der Ebene der Schnurqualität weiterzuführen.

Weitere schöpferische Wege bieten sich an durch die Hinzunahme von Perlen, Muscheln, Steinen, Federn, Treibholz und ähnlichem. Sie verleihen einem Stück Farbe, Materialkontrast, sie lenken den Blick des Betrachters und öffnen der spielerischen Phantasie des Knüpfenden ein weites Feld. Bei allem darf jedoch nicht die künstlerische Gesamtwirkung, der diese Details untergeordnet sein müssen, außer acht gelassen werden. Alle fremden, zusätzlichen Objekte müssen sich gut in das geplante Stück integrieren lassen.

Erst im spielerischen Experiment mit verschiedenen Materialien, Faserqualitäten und Mustern entfaltet Makramee seine kreativen Gestaltungsmöglichkeiten.

10.3

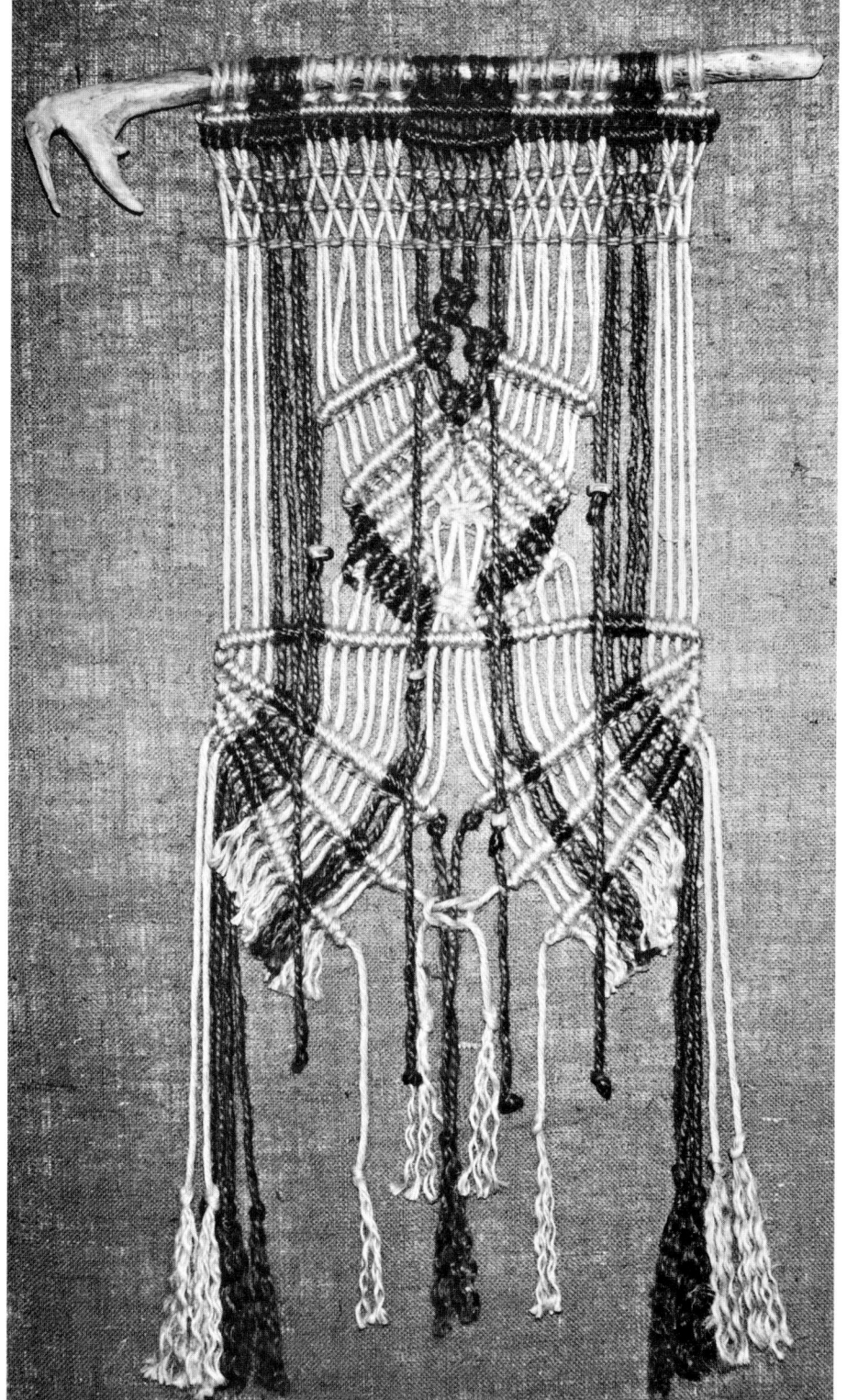

Seite 98:
10.3 Frei hängender Raumschmuck. Das Makramee-Muster wurde über Eisenringe verschiedenen Durchmessers geknüpft. Beim Knüpfen hängt das Stück frei und wird ständig gedreht. Aus Naturjute geknüpft von Pat Muchmore.

10.4 Freie Schnurführung und sparsames Knüpfen erzeugen das aufgelockerte Muster dieses 1,10 m langen Wandbehangs aus zweifarbiger Jute und handgesponnener Wolle. Von Mary Waldhart.
Foto: Neil Waldhart

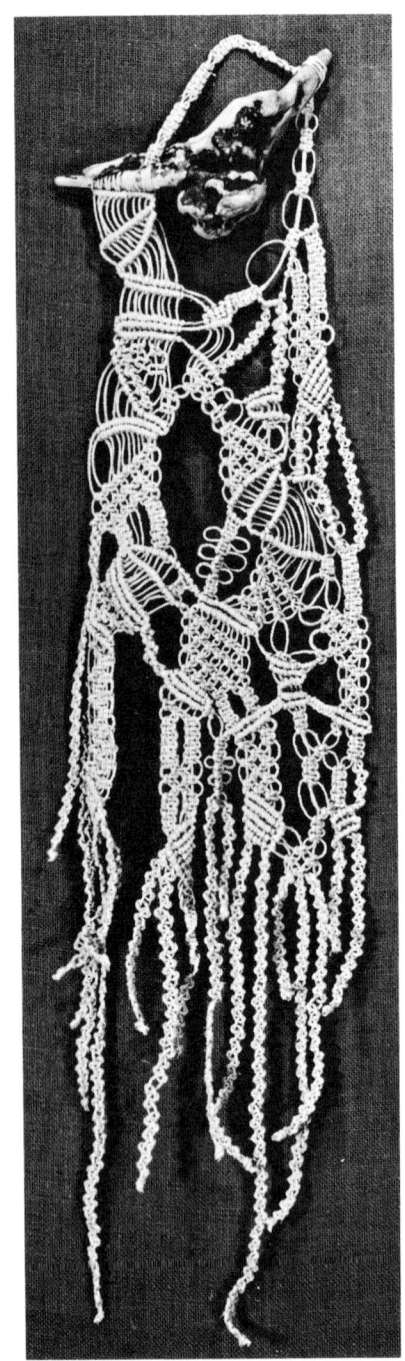

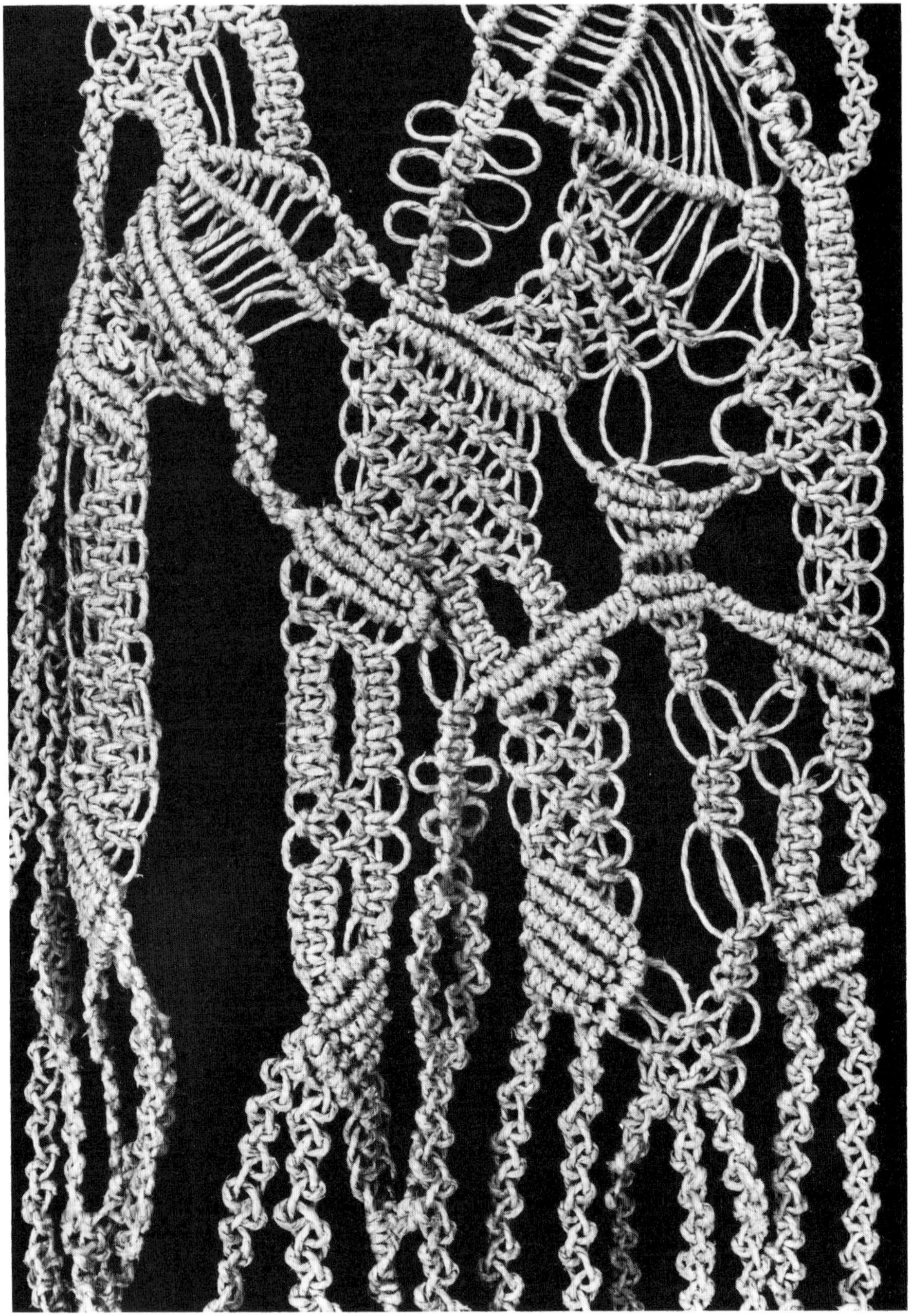

Seite 100:
10.5 Die unsymmetrische, freie Anordnung verschiedener Makramee-Elemente kennzeichnet dieses phantasievolle Stück von Cathy Frank.

10.6 Detail aus 10.5.

10.7 Dieses Stück aus robuster, gelber Baumwollschnur läßt sich auch draußen auf der Terrasse aufhängen. Geknüpft von Doloros Meisterheim.

10.8 Eine Scheibe von einem hohlen Baumstamm regte die Künstlerin Marianne Rodwell zu diesem ungewöhnlichen Makramee-Stück aus Jute an, das besonders gut im Freien, beispielsweise auf dem Balkon, zur Wirkung kommt.

10.9 „Barocke Phantasie" ist der Titel dieses kunstvollen Wandschmucks aus Jute und Baumwolle. Von Jennie S. Jones.
Foto: Douglas Bauman

10.10 Wie sich Makramee kreativ weiterentwickeln läßt, zeigt auch diese Makramee-Skulptur von Joan Michaels Paque. Der Doppelschlag ist der einzige hier angewendete Knoten, mit dem die handgefärbten dunkelblauen und gelben Jutefasern verknüpft wurden. Kreisdurchmesser 1 m.

10.11 Für diese Makramee-Konstruktion wurde handgesponnene Wolle im weißen und braunen Naturton, handgesponnene Rohseide und naturfarbenes Langflachsgarn verwendet und über einen V-förmigen Rahmen aus Eisendraht geknüpft. Von Bonny Schmid-Burleson.

Seite 105:
10.12 Detail aus 10.11, das die feinen Variationen der Materialqualitäten (Wolle, Seide, Langflachs) deutlich erkennen läßt. Die Federn wurden mit Langflachsgarn umwickelt und am Stück befestigt.

Seite 106:
10.13 Das Vogelmotiv liegt dieser Abstraktion zugrunde, in dem neben den Makramee-Grundknoten weitere Zierknoten das Gesamtmuster bestimmen. Von Dorris Akers.

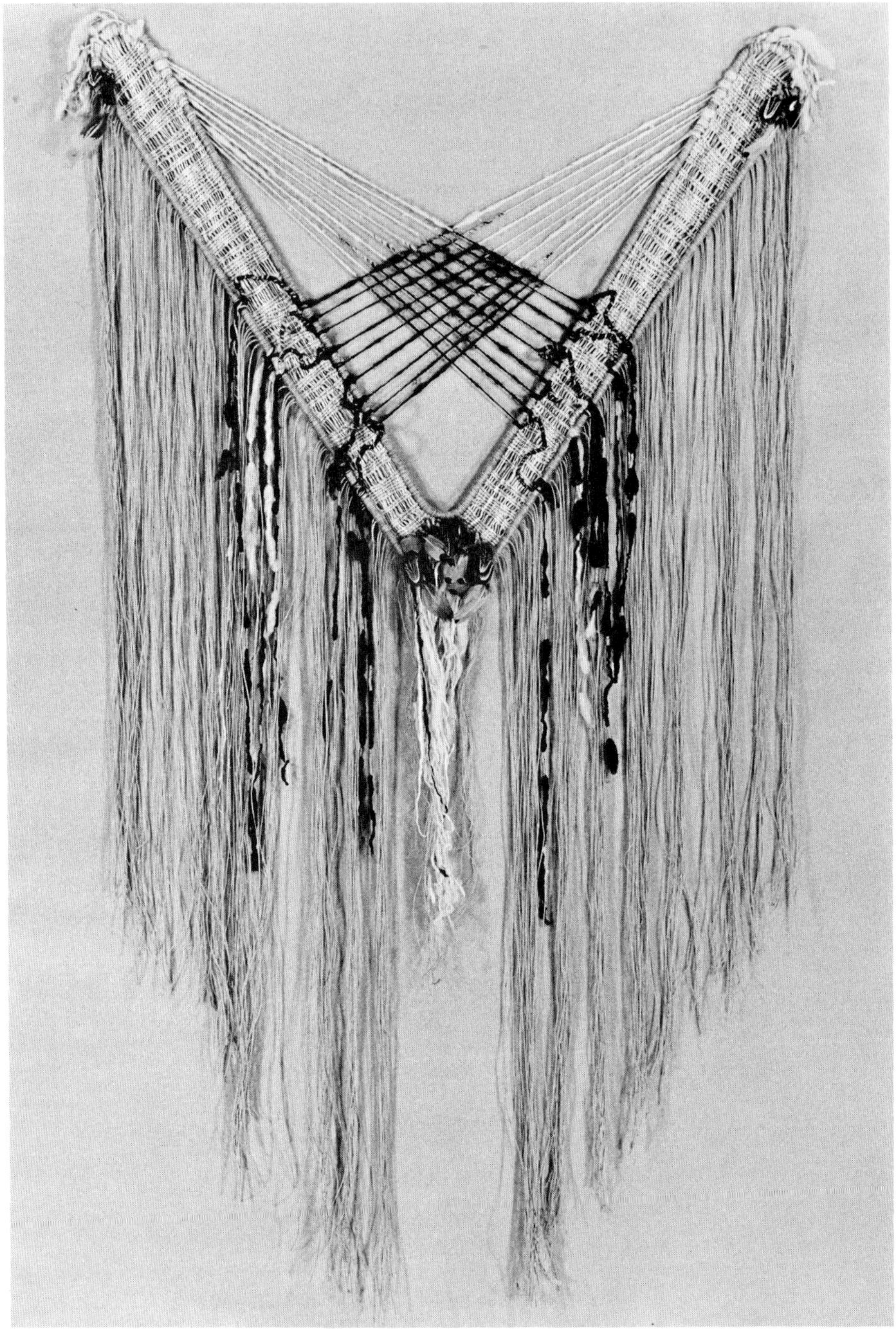

104

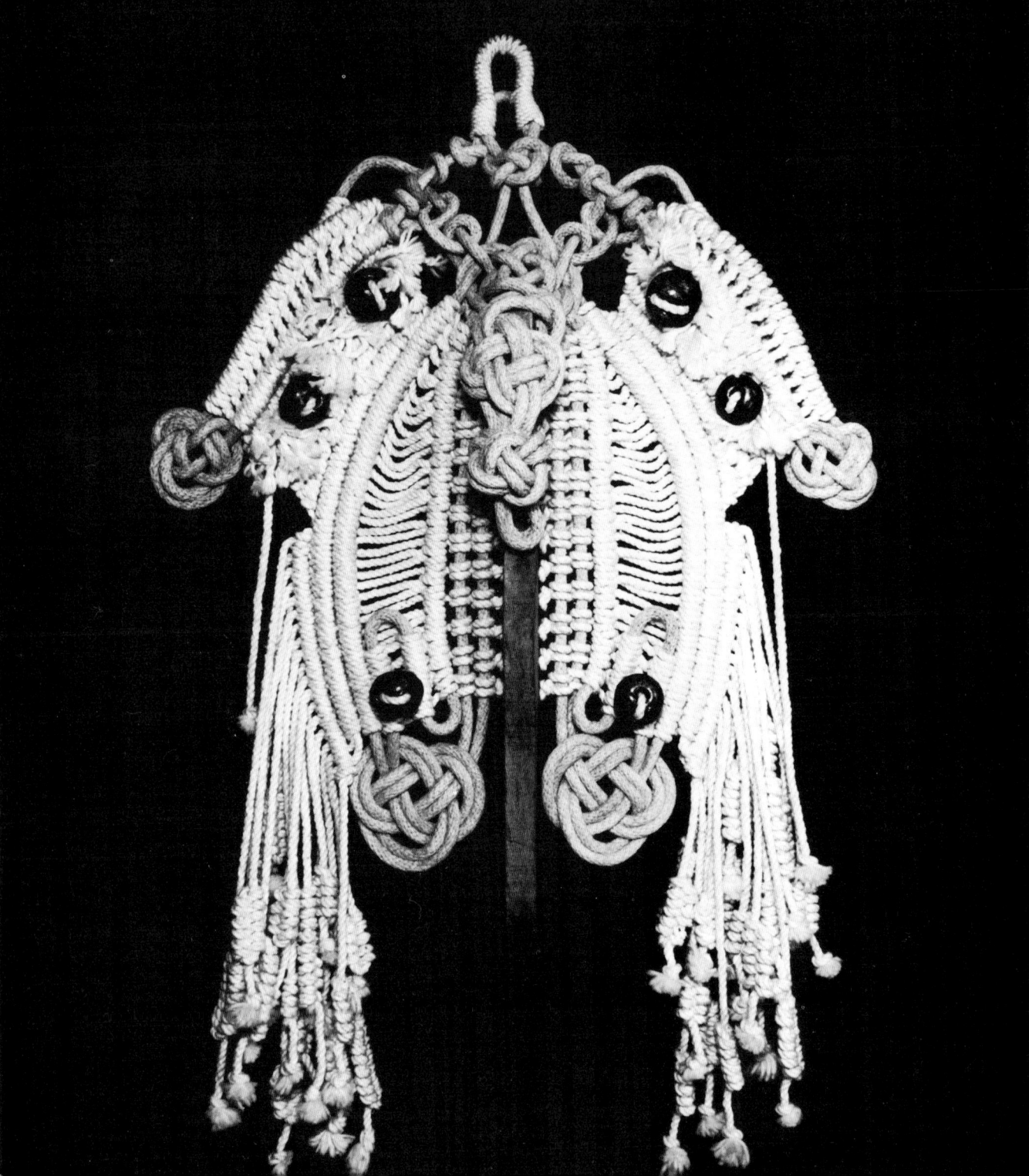

Ravensburger Hobbywerkstatt

Inhalt jedes Kastens:
komplettes Werkzeug + genügend Material + präzises Anleitungsbuch
— alles was für eine kreative Werktechnik nötig ist.

Macramé
Mit dieser dekorativen Knotenknüpferei kann man ohne große Vorkenntnisse Gürtel, Armbänder oder Wandbehänge aus Perlen und Schnüren anfertigen.

Wachsgießen
Eine Grundausrüstung, mit der sich jeder an die Kunst des Kerzengießens wagen kann. Formen und Farben können nach eigener Fantasie gestaltet werden.

Weben mit Perlen
Webrahmen und -material ermöglichen die Gestaltung eines Wandbehangs, bei dem man eigene Ideen für Farbe, Muster und Struktur verwirklichen kann.

Freies Weben
Von Jutta Lammèr. 48 Seiten mit 56 schwarzweißen und 4 farbigen Fotos. Format 18,7 x 18,5 cm. Laminiert
Wege und Möglichkeiten phantasievoller Textilgestaltung in kleinem Rahmen.

Makramee-Knüpfereien
Von Bonny Schmid-Burleson. 48 Seiten mit 58 Abbildungen. Format 18,7 x 18,5 cm. Laminiert
Ein Einführungsbuch für Anfänger mit vielen Modellvorschlägen.

Folgende Firmen liefern Makramee-Garne, die man in Hobbygeschäften kaufen kann:

Fa. Hellmuth Lentz
7295 Dornstetten
Postfach 51

Fa. Wolfgang Rayher
7950 Biberach/Riß
Schlierenbachstraße 99

Fa. G. Dauber
Wollgarnspinnerei
2140 Bremervörde
Postfach 14

Hinweis
Der Workshop Hannover unter der Leitung von Beatrys Sterk führt Wochenendkurse für Makramee und Weben durch.
Näheres beim
Sekretariat Workshop Hannover
Zentrum für kreatives Gestalten e.V.
3000 Hannover, Siebstraße 1 (am aegi)
Telefon (0511) 80 89-87
Montag — Freitag 15.00 — 18.00 Uhr

Handspinnen
Von Bob und Kittie Markus, übersetzt und
bearbeitet von Beatrys Sterk. 70 Seiten mit
31 schwarzweißen und 4 farbigen Fotos.
Format 15 x 21,5 cm. Laminiert
Ausführliche Beschreibungen zeigen, wie ein
Spinnrad funktioniert, wie man die Rohwolle
vorbereitet, die handgesponnene Schafwolle
einfärbt und was man mit ihr alles machen kann:
Weben, Stricken, Knüpfen und Häkeln.

Werkbuch für die Woodstock-Generation
Herausgegeben von Jean Young, übersetzt
und bearbeitet von Helmut W. Brinks. 240 Seiten
mit vielen Fotos und Zeichnungen. Format
22,0 x 27,5 cm. Paperback